Quand un proviseur se lâche !

Du même auteur

Mots d'excuse, les parents écrivent aux enseignants : l'intégrale, Michel Lafon, 2014

Journal de bord d'un directeur d'école, J'ai lu, 2014

Recto Verso, les parents parlent des enseignants, les enseignants parlent des parents, Michel Lafon, 2015

Nos chers petits, quand les profs écrivent aux parents, Flammarion, 2015

Pédagofreak, comprendre le jargon de l'Éducation nationale en s'amusant, L'Éditeur, 2016

Patrice ROMAIN

Quand un proviseur se lâche !

Lettres aux parents d'élèves

cherche midi

Inscrivez-vous à notre newsletter pour suivre en avant-première toutes nos actualités :
www.cherche-midi.com

Conception graphique : Léon Ayes
Directeur de collection : Claude Fournier

23, rue du Cherche-Midi
75006 Paris

Mis en pages par DV Arts Graphiques à La Rochelle
Dépôt légal : août 2017
ISBN 978-2-7491-5494-7

À tous les parents d'élèves qui m'ont supporté,
à ceux qui me supportent encore,
et, bien sûr, à mes trois amours :
la Clo, la Crevette (et son Ulysse) et Titi…

Chers parents d'élèves,

Pour conduire un scooter des mers, il faut un permis.
Pour chasser la galinette cendrée, il faut un permis.
Pour taquiner le goujon, il faut un permis.
Pour vendre un Carambar, il faut une patente.
Pour exercer un métier, il faut un diplôme et/ou des compétences.
Pour élever des enfants, il faut… En fait, il ne faut rien.

Ou plutôt si : de l'argent – *un peu* –, de la patience – *beaucoup* –, de la disponibilité – *passionnément* –, de l'amour – *à la folie*.

Du coup, certains d'entre vous, complètement débordés, déclarent forfait après le premier. D'autres, plus vénaux, font le petit sixième, et plus si affinités – ou pas d'ailleurs… –, pour payer le pavillon familial. Pour la plupart, vous assurez vaille que vaille en jonglant chaque jour entre soucis familiaux, travail – ou chômage –, tâches ménagères et scolarité de la progéniture.

Depuis quarante ans que je vous côtoie, j'ai appris à vous écouter, vous sentir – parfois au sens propre –, vous deviner, vous comprendre, bref, vous aimer.

Puissent les mots que je vous adresse dans ce petit livre sans prétention vous faire sourire, souvent, ou réfléchir, parfois. Mais jamais vous blesser : papa moi-même, je sais trop combien cette fonction est difficile pour me permettre de vous juger, vous qui m'avez inspiré des billets que j'ai écrits sous le coup de l'émotion mais que je n'ai jamais osé vous envoyer…

Bonne lecture !

Patrice ROMAIN
patrice.romain@hotmail.fr

1.
J'aime votre langage fleuri

Peace and love

Madame,

Je veux bien vous croire lorsque vous me dites : « J'suis pas une abrutite ! »

Pour des raisons de déontologie, j'hésite cependant à vous approuver quand vous poursuivez : « La prof de ma fille, c'est une connasse ! »

En revanche, et là je suis sûr de moi, je ne peux pas vous laisser me promettre : « Je vais lui foutre un pain dans sa gueule. »

Respectueusement.

Contresens

Monsieur,

Sans vouloir vous offusquer, ni prétendre maîtriser mieux que vous la langue française, il me semble que vous n'avez pas réussi à traduire le fond de votre pensée lorsque, au cours d'un entretien houleux avec le professeur de votre enfant, vous lui avez reproché de faire « du racisme anti-cons ».

À moins que, dans un accès de lucidité…

Respectueusement.

Requête

Monsieur,

Suite à votre passage éclair dans mon bureau, je vous informe que « je ne me fous pas de votre gueule », que j'ai du papier toilette à votre disposition puisque « je vous fais chier », que ma mère n'exerce pas le plus vieux métier du monde et que, vu mon âge avancé, il est normal que « je ne branle rien ».

Enfin, soucieux de son apparence physique et désireux de profiter pleinement de ses vacances qui se profilent, le « connard de principal » en appelle à votre bienveillance et sollicite un petit délai avant que vous ne veniez « leur casser la gueule, lui et ses profs de merde ».

Respectueusement.

Paris vs province

Monsieur,

Je sais que vous voulez le meilleur pour votre enfant. Mais comprenez qu'en tant que fonctionnaire chargé d'appliquer et de faire respecter les ordres de ma hiérarchie je ne peux approuver vos propos : « Ils font chier, à Paris ! » « Ils ont qu'à v'nir ici, ils verront comment ça s'passe ! » « Évidemment, eux, ils s'en foutent, ils ont des larbins pour garder leurs gosses ! » « Nous, on s'en tape, du ministre ! » et autres « C'est pas parce qu'il est ministre qu'il a pas l'droit d'être con ! »...

Respectueusement.

Bienséance

Madame,

Je me suis toujours astreint à conserver une certaine distance avec les parents d'élèves. Reconnaissez d'ailleurs que j'ai gardé, à votre égard, une attitude calme, pondérée et courtoise. Par ailleurs, ayant atteint un âge respectable, j'apprécie de plus en plus le respect mutuel. Pour le dire autrement, nous n'avons pas gardé les cochons ensemble.

C'est pourquoi j'aurais préféré que vous me dissiez « Votre bouche » plutôt que « Ta gueule ».

Respectueusement.

Étourdi

Monsieur,

Afin que nous continuions à entretenir des relations franches et cordiales, je préfère vous informer que, lorsque je vous ai appelé hier soir pour vous parler de l'attitude inadmissible de votre fils, vous avez oublié d'appuyer sur la touche « silence » de votre téléphone avant d'apostropher votre petit chéri : « C'est encore ton connard de principal qui vient nous faire chier. Qu'est-ce que t'as fait ? »

Respectueusement.

Envie pressante

Monsieur,

Hier, nous n'avons malheureusement pas eu le temps de clore notre entretien car vous vous êtes soudainement levé et avez quitté mon bureau en criant : « Putain ça fait chier, j'me casse... Vous avez d'la chance que j'sois d'bonne humeur ! »

Monsieur, vous avez piqué ma curiosité : que se serait-il passé si vous aviez été de mauvaise humeur ?

Respectueusement.

Adultescente

Madame,

Ce matin, un attroupement s'est formé devant le portail de notre établissement scolaire.

En cause : deux élèves, tête contre tête, prêts à en découdre. Après les avoir séparés, j'ai enjoint les spectateurs de s'en aller. Mais une élève de 3e est restée immobile et m'a défié du regard. J'ai alors poussé la péronnelle doucement mais fermement vers le collège : « Allez, hop ! Ça ne te regarde pas ! Il est l'heure, tu entres ! »

Teinture blonde, maquillage outrancier, la demoiselle s'est alors redressée sur ses talons compensés : « Eh !... J'suis pas ta pote ! »

Puis elle m'a désigné l'agresseur : « Vous vous rendez compte ! Ce petit connard m'a dit qu'il m'éjaculait à la gueule ! En plus, ça m'étonnerait ! Il a rien dans l'calbut ! »

J'ai alors compris : l'adolescente surexcitée que je tançais, c'était vous, madame, maman d'un des deux protagonistes !

Je vous présente mes plus plates excuses pour tant de familiarité.

Voyez néanmoins le bon côté des choses : vous faites manifestement très jeune !

Respectueusement.

Amour maternel

Madame, Monsieur,

Votre fille semble moins attentive ces derniers temps.

N'y aurait-il pas, par hasard – mais je m'avance sans doute –, un quelconque lien avec la main courante que vous, monsieur, avez déposée au commissariat pour vous accuser, vous, madame, d'avoir frappé le fruit de votre amour commun en lui criant : « Je ne veux plus te voir, salope ! T'es qu'une conne, un cas social ! » ?

Respectueusement.

Montagnard

Madame,

Je ne suis qu'à 50 % d'accord avec vous.

Le professeur que vous avez traité de « crétin des Alpes » est en effet originaire des Pyrénées.

Respectueusement.

Faux pas

Madame,

Hier, votre entretien avec le professeur de mathématiques s'est moyennement passé. Vous êtes sortie de la salle à grandes enjambées, drapée dans votre dignité et votre tailleur Chanel.

Vous n'aviez sans doute pas remarqué que le paillasson extérieur avait été remplacé par une grille. Grille dont la taille du maillage correspond sensiblement à la circonférence de vos talons.

Votre « Putain de merde ! » a résonné dans tout le hall de notre bâtiment...

À présent que votre cheville est désenflée et que votre tailleur est au pressing, songez je vous prie à présenter vos excuses, voire même vos remerciements, à l'enseignant. Car malgré le flot d'injures dont vous l'avez abreuvé, c'est quand même lui qui vous a porté assistance !

Respectueusement.

Éducations différentes

Monsieur,

Vous élevez votre fils à grands coups de claques et d'injures.

Évidemment, vu votre gabarit et le sien, vous ne risquez pas grand-chose pour l'instant.

Par ailleurs, vous n'hésitez pas à lui donner des conseils avisés devant ses professeurs et moi-même : « Ce collège, c'est de la merde ! » « Si un prof est trop con, t'as le droit de lui dire ! » « Te laisse pas faire, ils font exprès de t'emmerder ! »

Votre enfant sait parfaitement que les enseignants, eux, n'insultent pas et ne frappent pas les élèves – enfin, a priori.

Et vous vous étonnez que nous ayons des difficultés avec lui ?

Respectueusement.

Généalogie

Monsieur,

Contrairement à ce que vous avez affirmé de manière péremptoire, je vous informe que le professeur de votre fils est bien inscrit sur le livret de famille de ses parents, eux-mêmes mariés civilement.

Il ressemble par ailleurs trait pour trait à son père.

À la lumière de ces éléments, il me semble donc erroné de le qualifier de « bâtard ».

Respectueusement.

....

Pif ! Paf ! Pof !

Mesdames, Messieurs,

N'en jetez plus !

Une dizaine de baffes et de mains, autant de claques, cinq ou six pains, plusieurs marrons, deux patates, trois tartes, quelques poings, et même une bite…

Si vous mettez toutes vos menaces téléphoniques à exécution, les professeurs vont véritablement « s'en prendre plein la gueule » !

Respectueusement.

Senteur des bois

Monsieur,

Au sortir d'un entretien mouvementé avec un professeur, vous m'apostrophez dans le hall : « Il pue, votre collège ! »

Ah bon ? Jusqu'à votre venue, je n'avais rien remarqué...

Respectueusement.

Vexée

Madame,

Sachez raison garder ! Ce ne sont que des enfants de 6e ! Mettez un mouchoir sur votre amour-propre de mère et prenez un peu de distance !

Ce n'est pas parce que la voisine de classe de votre fils a refusé d'embrasser votre petit macho qu'il faut la traiter, via les réseaux sociaux, de « petite pute » !

Respectueusement.

Zénitude

Monsieur,

Un p'tit Euphytose® ? Un p'tit Gardénal® ? Un p'tit Lexomil® ? Un p'tit Prozac® ? Un p'tit Seropram® ? Un p'tit Stablon® ? Un p'tit Témesta® ? Un p'tit Théralène® ? Un p'tit Tranxène® ? Un p'tit Valium® ? Un p'tit Xanax® ? Un p'tit Zoloft® ?... Ah, non, mince ! Tous sont contre-indiqués avec la prise d'alcool...

Dans mon bureau, vous avez d'abord menacé un professeur (« Toi, t'as pas intérêt à toucher à mon fils ! »), puis moi-même (« C'est moi qui dis à mon fils de s'défendre. OK ? Et alors ? Y a queq'chose qui va pas ? »), et enfin votre femme – seulement éméchée, elle –, qui vous demandait de calmer le jeu :

« Fais pas l'con, y t'ont rien fait !

– Toi, ta gueule ou j'te cogne ! »

Puis vous avez quitté mon bureau en claquant la porte et en hurlant : « Y vaut mieux qu'j'me barre, sinon, j'vais tout casser... »

Une petite verveine, peut-être ?

Respectueusement.

Esprit de famille

Monsieur,

Après examen méticuleux de mon arbre généalogique, je vous confirme que nous n'avons aucun lien de parenté.

Il n'était donc pas nécessaire, tout au long de notre entretien, de commencer vos phrases en me disant : « mon frère ».

Respectueusement.

Ah, l'amour !

Madame,

Vous souhaitez réinscrire votre fils chez nous, après l'avoir refilé (je ne trouve pas d'autre mot) à votre ex durant quelques mois.

Pour cela, il est indispensable de fournir un document qui atteste que tout est financièrement réglé avec l'établissement scolaire précédent. Et comme votre ancien mari doit de l'argent, on ne lui a pas délivré cette pièce.

Votre cri du cœur : « J'm'en doutais, c't'enculé, qu'il allait m'faire un coup de salopard ! »

Oserais-je vous rappeler que, vous aussi, vous avez une ardoise chez nous ?

Respectueusement.

2.

J'aime votre absence totale de vergogne

Errare humanum est

Monsieur,

Je vous pardonne aisément de m'avoir dit « Votre collège, c'est le Bronx », « À quoi servent vos surveillants ? », « Vous êtes payé à quoi faire ? » ou encore « Je vais porter plainte à l'académie ! » car, étant papa moi-même, je trouverais effectivement insupportable que mon fils se fasse frapper dans son établissement scolaire.

Une seule chose me chiffonne, monsieur : lorsque je vous ai dit que votre enfant n'était pas scolarisé chez nous, et que donc vous vous trompiez de collège, vous m'avez illico rétorqué : « Ouais, ben, quand même, ça doit être pareil ici ! »

Respectueusement.

Colombine et colombin

Madame,

Hier soir s'est tenue la réunion parents-professeurs.

Vous m'avez supplié de vous laisser entrer au collège avec votre adorable petite chienne yorkshire, car personne ne pouvait la garder chez vous et qu'elle déteste être seule. J'ai cédé : elle était si calme, dans vos bras, et vous teniez tellement à récupérer le bulletin trimestriel de votre fille !

Je vous informe que, vers 21 heures, en faisant un dernier tour, j'ai écrasé par mégarde le souvenir que votre « Princesse » – je parle du canidé, pas de votre enfant – avait abandonné devant la salle de technologie.

Heureusement, du pied gauche, ça porte bonheur !

Respectueusement.

Oie rieuse

Madame,

Vous trouvez les services de l'Éducation nationale en dessous de tout.

Vous vous impatientez : votre fils, suite à son exclusion définitive du collège pour violence, n'est toujours pas rescolarisé. Vous devez le supporter à la maison et cela commence, je vous cite, « à vous gaver ».

Vous ne me le demandez pas mais, du coup, j'en profite pour vous donner des nouvelles de son professeur : il va mieux, il a repris son travail, merci pour lui.

Respectueusement.

Hygiène communautaire

Madame,

Conformément à votre exigence, veuillez trouver ci-joint – « immédiatement », pour reprendre vos propos – votre bâton de déodorant, dont votre fille se tartinait les aisselles en cours de français.

Je tiens cependant à vous avertir qu'il a servi à plusieurs de ses camarades. Rassurez-vous, cinq ou six, pas plus.

Respectueusement.

Levez la main droite et dites : « Je le jure ! »

Madame,

Votre fils est ingérable.

Heureusement, vous avez trouvé LA solution : le collège privé. Pas de chance, « ils » vous ont réclamé son bulletin. À sa lecture, ô surprise, « ils » ont refusé de l'inscrire. Du coup, vous me demandez d'attester par écrit que votre démon s'est miraculeusement transformé en petit ange et que tout se déroule désormais pour le mieux chez nous.

Madame, si j'ai bien compris, vous me demandez d'écrire un faux, dont vous comptez faire usage ?

Respectueusement.

Le tabac t'abat

Madame,

Vous me trouvez bien sévère et vous avez sans doute raison.

Vous me dites que la cigarette électronique est moins nocive pour la santé. C'est vrai. Qu'elle ne gêne pas les autres. C'est également vrai, encore faudrait-il le leur demander. Que ce n'est pas inscrit dans le règlement intérieur. Exact. Que votre fils n'a encore jamais été sanctionné. C'est juste, mais il faut relativiser : nous ne sommes que le 5 septembre.

Par ailleurs, je vous accorde que votre enfant n'a vraisemblablement tiré que deux ou trois taffes… Vous me donnez des scrupules… Une heure de retenue… Suis-je donc un tyran ?

Mais, madame, votre fils n'a que 11 ans, il est en 6e.

Et puis, fumer en cours, quand même !

Respectueusement.

Hystérie maternelle

Madame,

Je vois bien que je vous ai contrariée. Mais il est trop tard. Comment pourrais-je désormais me rattraper ?

Au lieu d'être choqué et de se mettre en colère, le professeur aurait effectivement dû se laisser insulter par votre fils sans rien dire. Cela fait partie de son métier, n'est-ce pas ? Et puis, « fils de pute », c'est plutôt gentil, non ? « Bâtard », presque amical ! Si je ne m'abuse, « enculé de ta race » peut même s'entendre comme un hommage !

Nous aurions dû faire preuve de bienveillance plutôt que de sévir bêtement. Comprendre que l'attitude de votre enfant ne faisait que refléter son mal-être. Nous aurions dû prendre la juste mesure de son profond désarroi. Pourquoi donc vous ai-je convoquée pour ce quiproquo ridicule ?

À cause de mon insensibilité – comme je regrette, si vous saviez ! –, vous vous êtes roulée par terre dans mon bureau, vous avez hurlé des youyous, vous avez pleuré toutes les larmes de votre corps, vous vous êtes griffé le visage, vous vous êtes arraché les cheveux. Vous avez même déchiré vos vêtements...

C'est promis, madame, nous laisserons dorénavant votre fils exercer sa verve de poète.

Respectueusement.

Art urbain

Madame,

Je ne partage pas totalement votre opinion.

À 15 ans, votre fils devrait, me semble-t-il, savoir faire la différence entre, d'une part, obéir à la consigne du professeur d'arts plastiques « Dessinez un graffiti sur une feuille de papier Canson® » et, d'autre part, barbouiller dix fois le même tag sur le mur de l'escalier B.

Je ne crois donc pas, mais je peux me tromper, que l'enseignant ait « incité » votre fils à dégrader nos locaux, ni qu'il doive « faire la colle avec Frédéric ».

Respectueusement.

La vengeance est un plat qui se mange froid

Madame,

Il y a trois ans, votre enfant avait failli tuer l'un de ses camarades.

Sa professeure, sous le coup de l'émotion, lui avait donné une claque. Affolée par son geste, elle vous avait aussitôt appelée pour s'excuser. Vous l'aviez rassurée en lui répondant que vous approuviez son attitude et que vous auriez réagi de la même manière parce que « tant qu'il en a pas pris une, il fait chier son monde ».

Ce soir, à l'issue du conseil de discipline de notre collège, je viens de vous signifier l'exclusion définitive de votre fils. Vos yeux ont lancé des éclairs et, mâchoire en avant, toutes griffes dehors, vous avez pointé du doigt cette même enseignante en la menaçant : « Et pour la claque, l'affaire n'est pas finie ! »

Rassurez-moi, madame, vous n'allez quand même pas nous jouer un remake de Clovis : « Et souviens-toi du vase de Soissons ? »

Respectueusement.

Comique qui s'ignore

Madame,

Le jour de la rentrée, votre fille, mécontente d'être dans une classe indigne d'elle, a suivi celle de sa comparse et a raconté avec aplomb au professeur principal, qui ne voyait pas son nom sur sa liste, qu'il s'agissait d'une erreur de ma part... Elle a bien sûr été réaffectée dès l'après-midi dans sa classe initiale.

Vous êtes venue le lendemain me traiter de tous les noms, me soutenir que Dorothée était traumatisée par ce changement, que son équilibre allait en être gravement affecté et que je porterais une lourde responsabilité en cas d'échec scolaire.

Je vous adresse mes plus sincères remerciements, madame. Grâce à vous, j'ai eu ma minute de gloire : toute la salle des professeurs a éclaté de rire lorsque j'ai annoncé qu'à cause de moi votre fille et sa légendaire mythomanie se trouvaient « psychologiquement déstabilisées ».

Respectueusement.

Bienvenue chez les p'tits !

Monsieur,

En cette fin juin, la secrétaire du collège est débordée, et les valises qu'elle a sous les yeux sont au moins aussi volumineuses que celles que votre épouse, mère au foyer, prépare pour vos vacances.

Hier après-midi, votre femme a fermement exigé – sans dire « s'il vous plaît » – copie d'un document que nous vous avions donné il y a plusieurs mois, en vous précisant qu'aucun duplicata ne serait délivré. Ma collaboratrice a interrompu son travail et s'est plongée dans nos archives pour satisfaire sa réclamation. J'ai pour ma part retardé mon départ en réunion pour signer votre papier.

Ce matin, vous m'appelez pour vous plaindre : votre femme « n'a pas été très bien accueillie au collège » quand elle est venue chercher la photocopie – sans nous remercier.

Merci de m'avoir prévenu, monsieur, et excusez-nous. Je vais de ce pas tancer la secrétaire : pourquoi n'a-t-elle pas pensé à mettre une musique d'ambiance et à proposer un thé à la menthe à votre chère et tendre ?

Respectueusement.

Parole d'expert

Madame,

Vous avez brillamment obtenu un bac moins cinq. Je ne porte évidemment pas de jugement sur votre parcours scolaire.

Permettez-moi juste de vous dire que j'ai trouvé un peu tranchée votre opinion sur le professeur agrégé de mathématiques – bac plus cinq – de votre fille : « Mme Dupont, professeure, c'est un accident industriel ! »

Respectueusement.

« C'est beau, c'est grand, c'est généreux la France ! » (Charles de Gaulle)

Madame,

Votre enfant, exclu de son précédent collège, est affecté chez nous à partir de la semaine prochaine.

J'ai pour consigne de lui organiser un emploi du temps « allégé » afin d'éviter qu'il n'explose en plein cours. Et, pour compenser ces heures de cours perdues, de lui trouver un professeur – rémunéré – pour des leçons particulières.

Ne me remerciez pas, il s'agira de l'argent de nos impôts.

Respectueusement.

« C'est beau, c'est grand, c'est généreux la France ! » (Charles de Gaulle) bis

Madame,

L'Éducation nationale a déployé des moyens spécifiques pour votre enfant, en grande difficulté scolaire. Il vous a été demandé d'assister à une réunion préparatoire au déploiement de ceux-ci.

Comme vous avez d'autres priorités – voyage au pays –, vous déléguez à cette réunion un lointain cousin. Lequel n'a jamais vu votre fils.

Puis-je me permettre de vous dire que je suis « surpris », madame ?

Respectueusement.

Mieux vaut donner que recevoir

Monsieur,

Vous affirmez que je manque de discernement dans mon jugement. Que votre enfant ne mérite pas son heure de retenue car c'est lui la victime. Je suis d'accord avec vous, monsieur : il n'était pas l'agresseur initial. Mais, puisque vous êtes sportif, vous savez bien qu'il ne faut surtout pas toucher à un arbitre !

Or, alors que je tentais de séparer les deux belligérants, c'est quand même moi qui ai reçu la droite que votre fils destinait à son adversaire !

Respectueusement.

....

Prisonnier

Monsieur,

Vous avez été puni de votre curiosité !

Et encore, vous avez eu de la chance que je fasse un dernier tour avant de rentrer chez moi, sinon...

Faussant compagnie à l'élève de 3e qui vous servait de guide, vous avez voulu profiter de notre journée portes ouvertes pour visiter la partie du collège interdite au public. Las ! La porte anti-panique du vestiaire des agents, qui débouchait sur une courette privative, s'est refermée derrière vous, vous piégeant ainsi, seul, pendant deux heures.

En avez-vous profité pour méditer sur votre indiscrétion ?

Respectueusement.

Fosbury

Monsieur,

Votre entretien avec le professeur de physique ne s'est pas bien passé, certes. Avez-vous alors réellement pensé que le collège avait été verrouillé en guise de représailles ?

Trouvant le portail fermé, vous l'avez prestement escaladé, sans doute sous le coup de l'adrénaline.

Vous disposiez pourtant d'une autre méthode pour quitter l'établissement. Moins périlleuse, puisque vous vous êtes écrasé de l'autre côté, et moins colorée, puisque la peinture dudit portail n'était pas encore totalement sèche.

Il vous suffisait de tourner la poignée du portillon...

Respectueusement.

Au voleur !

Monsieur !

Hé ! Ho ! Monsieur le père d'élève ! Arrêtez !

Je sais bien que le lycée voisin est bloqué, mais notre collège n'a rien à voir avec ce mouvement de protestation !

Rendez-nous nos poubelles !

Respectueusement.

Marquage de territoire

Monsieur,

Hier, 18 h 30. Je sors du collège. Il fait nuit. Vous êtes à deux mètres de moi, droit dans vos bottes. Je vous salue poliment… et ostensiblement. Non seulement vous ne me répondez pas, mais vous faites semblant de ne pas me voir, absorbé par votre tâche, sifflotant le dernier tube à la mode…

Vous sentiez-vous donc un peu gêné, monsieur le Manneken-Pis, que je vous surprenne à uriner consciencieusement sur le mur de notre réfectoire ?

Respectueusement.

Aux innocents les mains pleines

Mesdames, Messieurs,

Ne vous escrimez plus à inventer de nouvelles excuses, vous me les avez toutes données :

« J'l'ai pas fait exprès ! » « C'est la première fois ! » « Je l'savais pas ! » « C'est exceptionnel ! » « D'habitude, je l'fais jamais ! » « C'est juste parce qu'il pleut ! » « J'en ai pour une minute ! » « Le sac de ma fille est super lourd ! » « Je suis pressé, j'ai rendez-vous ! » « Il n'y a personne ! » « Sinon, mon fils ne me voit pas ! » « Tout le monde le fait ! » Et d'autres, plus agressives : « C'est du racisme ! » « Vous êtes flic ? » « Y a qu'vous qu'ça gêne ! » « C'est pas moi qu'ai d'mandé à c'que mon fils y soit dans vot' collège ! » « Pourquoi vous l'dites à moi et pas aux autres ? » « Ça va, vous allez pas m'retirer des points non plus ? » « App'lez vos copains d'la police si ça vous fait plaisir ! » « Si j'coupe le moteur, y r'démarre plus ! », etc.

Je me permets de vous rappeler, encore une fois, qu'il est interdit de se garer devant le collège à l'emplacement réservé aux cars scolaires.

Respectueusement.

À la bonne franquette

Madame, Monsieur,

Certes, les parents de nos petits 6es sont autorisés à manger avec leur enfant le premier jour. Non, nous ne sommes pas à quelques repas près. Oui, le menu était alléchant.

Mais je trouve un peu limite d'en avoir profité pour « inviter » un couple d'amis.

Même si ces derniers avaient apporté leur bouteille !

Respectueusement.

La poutre et la paille

Monsieur,

Tandis que, suite à votre demande, nous discutions dans mon bureau, votre portable a sonné. Vous avez répondu et entamé une discussion sans doute fort intéressante mais dont le contenu ne me semblait ni grave ni urgent.

Devant mes interrogations muettes, vous m'avez plusieurs fois fait signe que vous n'en aviez pas pour longtemps. De guerre lasse, afin de vous laisser un peu d'intimité – et, je vous l'avoue, de vous dissimuler mon exaspération –, je suis allé prendre un café au secrétariat. Au travers de la cloison, je vous entendais deviser tranquillement…

Vous avez enfin raccroché, puis vous m'avez hélé. J'ai aussitôt ouvert la porte. Contrarié, vous m'avez alors formulé ce reproche : « C'est pas bien, m'sieur, d'vous sauver comme ça. C'est un manque de respect. »

Je vous présente toutes mes excuses.

Respectueusement.

Compas dans l'œil

Monsieur,

Vous vous êtes octroyé le droit de vous garer devant le collège, sur les zébras, à côté des cars scolaires. Je me suis mis devant le capot de votre bolide afin de protéger nos élèves qui sortaient de cours. Vexé, énervé et impatient, vous avez rageusement enclenché la marche arrière.

Clac ! Le rétroviseur extérieur côté passager !

Respectueusement.

3.

J'aime vos mensonges

Version contradictoire

Madame,

Vous vous rappelez, la semaine dernière, quand votre fils a séché son heure de retenue ? Dès le lendemain, il m'a présenté votre mot attestant qu'il était allé chez le dentiste. Eh bien, ce matin, j'ai téléphoné à votre mari : il a démenti. Convoqué dans mon bureau, votre fils a finalement avoué que vous lui aviez écrit un faux, en cachette du papa.

Sans rancune, madame : on pardonne toujours à une mère qui prend la défense de son enfant.

Respectueusement.

....

Alléluia !

Madame,

Croyez-vous en la résurrection ?

Je vous pose cette question indiscrète parce que je viens d'avoir une conversation téléphonique avec votre ex-mari. Il est en pleine forme !

Vous vous rappelez ? Le père de vos enfants ! Celui qui, selon vos dires, est décédé l'année dernière...

Respectueusement.

Examinator

Madame,

Vous m'avez téléphoné car vous avez vu un élève demi-pensionnaire sortir du collège à midi, avec les externes. Notre responsabilité était engagée, et je l'ai fermement rappelé au surveillant négligent qui était au portail.

Mais, après enquête, le conseiller principal d'éducation a découvert que l'élève en question avait falsifié son carnet, donc dupé le surveillant – à qui j'ai naturellement présenté mes plus plates excuses.

Puis je vous ai rappelée. Vous m'avez alors dit que vous étiez au courant du carnet trafiqué. En fait, vous me testiez. Ouf ! J'ai réussi l'examen !

Je gagne quelque chose ou c'était juste pour le fun ?

Respectueusement.

Amnésie

Madame,

Vous me soutenez mordicus que vous n'êtes pas au courant de la tenue, ce soir, du conseil de discipline de votre fils.

Pourtant, je vous ai envoyé une convocation. En courrier recommandé.

Souhaitez-vous que je vous montre l'accusé de réception que vous avez signé ?

Respectueusement.

Vu !

Monsieur,

Vous niez avec véhémence avoir fait un bras d'honneur en quittant le collège hier.

J'en déduis que vous ignorez l'existence de la caméra qui surveille l'entrée !

Respectueusement.

Rossignol

Madame,

Je n'irai pas jusqu'à imaginer que vous faites exprès de ne pas comprendre mais...

Je vous répète donc une dernière fois, le plus clairement possible : je ne punis pas votre enfant parce qu'il a sifflé lors de la récréation, mais parce qu'il a sifflé *la conseillère principale d'éducation* lors de la récréation.

Respectueusement.

....

Coup de j'arnaque

Madame, Monsieur,

Vous me demandez une attestation pour votre compagnie d'assurances car votre enfant s'est fait voler son iPhone au collège.

Cela ne me pose évidemment aucun problème de principe, mais un petit détail m'empêche d'accéder à votre requête : votre fils vient de me confier, sous le sceau du secret, que l'appareil n'a jamais quitté votre domicile et que vous tentez d'arnaquer votre assureur.

Si je peux faire autre chose pour vous, n'hésitez pas !

Respectueusement.

Veuve joyeuse

Madame,

Vous êtes venue, accompagnée de votre petit dernier, quémander une énième aide financière supplémentaire : « Vous comprenez, monsieur, mon mari est mort ! »

Votre petit s'est redressé, a tourné la tête et vous a regardée, étonné. Vous lui avez alors balancé un discret coup de coude. Docile, il a pris un air de circonstance et a récité sa leçon : « Oui, m'sieur, c'est vrai, même qu'on est tristes ! »

Madame, me prenez-vous pour un perdreau de l'année ?

Respectueusement.

Orphelin d'enfant

Madame, Monsieur,

J'ai bien reçu votre demande de bourse pour l'enfant que vous « logez, nourrissez, habillez », bref, qui vous ruine.

Je vous livre la réponse de l'Administration qui a examiné votre dossier : « Aucun enfant à charge n'est mentionné sur l'avis d'imposition transmis pour l'étude du droit à bourse de collège (article D531-4 du code de l'Éducation). Votre dossier est classé sans suite. »

Bien essayé quand même !

Respectueusement.

4. J'aime votre désintérêt financier

Les sept mercenaires

Madame,

Sur votre formulaire de demande de bourse, vous déclarez sept enfants.

Même si c'est la stricte vérité, vous auriez toutefois pu, par honnêteté intellectuelle, préciser qu'un seul d'entre eux vit actuellement en France, sous votre toit !

Respectueusement.

....

Step by step

Madame,

Que voulez-vous, je suis un peu maniaque. À chacun ses défauts, n'est-ce pas ?

Aussi, pour me faire plaisir, auriez-vous l'obligeance de faire les choses dans l'ordre ?

D'abord inscrire votre fils dans notre collège en fournissant les documents nécessaires, et *ensuite* effectuer une demande de bourse.

Respectueusement.

Phobie administrative

Madame, Monsieur,

Souhaitez-vous que je vous renvoie votre formulaire de demande de bourse afin que vous le corrigiez ?

Vous avez vraisemblablement commis une erreur, d'inadvertance j'en suis sûr – c'est tellement compliqué, toute cette paperasse. Sur votre déclaration de revenus, jointe au dossier, vous avez mentionné d'importants frais de garde d'enfants.

Or, vous avez également déclaré ne toucher aucun revenu, puisque vous êtes tous les deux au chômage, donc a priori présents à la maison pour prendre soin de vos rejetons.

Hélas, réussir à berner le fisc n'est pas à la portée de n'importe qui !

Respectueusement.

À vot' bon cœur, m'sieurs-dames !

Monsieur,

La République est une ingrate.

Votre engagement en faveur de plus de liberté, d'égalité et de fraternité n'est pas à démontrer. Et pourtant, faisant fi de votre sens du devoir et du sacrifice, *Elle* ne vous a pas accordé la bourse que vous réclamiez pour votre enfant.

Ce n'est évidemment pas votre salaire de cadre supérieur qui va couvrir les frais de scolarité de votre fille. Ni vos indemnités d'adjoint au maire et de conseiller départemental – 3 800 euros par mois, plus quelques menus avantages, je suppose.

Monsieur, n'hésitez pas à me faire signe si vous avez besoin d'une petite pièce pour payer vos cigarettes...

Respectueusement.

Élève fantôme

Madame,

J'ai bien reçu votre demande d'attestation de voyage scolaire en Angleterre, afin que vous vous fassiez rembourser son montant par le CE de votre entreprise.

C'est bien volontiers que je vous signerais ce document, mais il y a un petit problème...

Votre enfant n'a pas participé à ce voyage !

Respectueusement.

Qui ne tente rien n'a rien

Monsieur,

Vous avez déposé une demande de bourse pour votre fille. Motif : vous êtes au chômage.

Par curiosité – malsaine j'en conviens –, j'ai lu votre justificatif. La lettre de licenciement de l'entreprise qui vous a brutalement congédié est signée « Mme Durand ». Laquelle est assistante maternelle à la scène et votre compagne à la ville. Toutes ces informations figurent dans le dossier et ne sont pas difficiles à recouper...

Je l'envoie quand même ?

Respectueusement.

Sens des priorités

Madame,

Il a toujours été impossible de vous joindre.

Je me souviens de l'unique message téléphonique qui a retenu votre attention durant la scolarité de votre fille. Je vous informais que je signalais son absentéisme à ma hiérarchie – avec menaces sous-jacentes de retrait des allocations familiales (non, franchement, vous y avez cru ?).

Aujourd'hui, vous êtes beaucoup plus réactive : hier après-midi, j'ai distribué les formulaires de demande de bourse pour le lycée et, dès ce matin, vous êtes au secrétariat.

Sans vouloir vous décourager, je crains malheureusement qu'avec des notes oscillant entre 0,5 et 3 sur 20 votre fille n'ait que peu de chances d'intégrer une classe de 2de l'année prochaine, et donc de vous rapporter un pécule...

Respectueusement.

À l'aise Blaise

Madame,

Vous avez déposé une demande de bourse des collèges pour votre enfant.

Le fait qu'il n'ait jamais mis un pied dans notre établissement depuis la rentrée ne vous gêne quand même pas un peu ?

Respectueusement.

....

Course à l'échalote

Madame,

Vous m'apportez aujourd'hui une demande de bourse pour votre enfant.

Je vous informe que nous ne pouvons malheureusement pas traiter votre dossier : votre fils a été exclu définitivement de notre collège hier. Vous étiez pourtant présente au conseil de discipline !

Je vous invite donc à prendre l'attache de son futur établissement – le 7e si je compte bien – le plus vite possible, avant que votre fils n'en soit renvoyé.

Respectueusement.

Il n'y a pas de petit profit

Monsieur,

Si j'en juge à votre voiture, aux vêtements de votre fille et aux bijoux de votre épouse, vous n'êtes vraiment pas à plaindre.

Vous travaillez au consulat et ne payez donc pas d'impôts, comme le prévoit la loi.

J'ai l'honneur d'accuser réception de votre demande de bourse et de votre déclaration de revenus, et le plaisir de vous confirmer que le dossier est bien recevable.

Vous, au moins, vous savez mener votre barque !

Respectueusement.

Assurance tout risque

Madame,

Suite à votre demande, veuillez trouver ci-joint, d'une part, une facture pour votre assureur, d'autre part, une déclaration d'accident.

J'espère que ces documents vous permettront d'être rapidement et intégralement remboursée – pourvu qu'il n'y ait pas de franchise ! – de la somme que nous vous avons réclamée : 1,50 euro pour une assiette cassée au self.

Respectueusement.

Problème de vol

Madame,

J'ai répondu favorablement à votre demande : le collège prendra à sa charge les 5 euros exigés pour la sortie de fin d'année scolaire de votre enfant. J'ai toutefois refusé que nous lui confectionnions un pique-nique.

Et puis j'ai eu des scrupules : et si, vraiment, vous n'aviez réellement pas de quoi le nourrir ? Le problème s'est finalement réglé tout seul – ouf, car je n'étais pas très à l'aise : votre enfant n'est pas parti avec ses camarades de classe.

Pas de chance en effet : l'avion qui l'emmenait en vacances aux États-Unis décollait le même jour que la date prévue pour notre sortie à Paris.

Tant qu'à faire, madame, pourquoi ne pas nous avoir carrément demandé de payer son billet ?

Respectueusement.

La faim justifie les moyens

Madame, Monsieur,

Vous faisiez partie des seize parents SDF – sans difficultés financières – qui n'avaient toujours pas payé la facture de cantine de l'année dernière, malgré maints et maints rappels.

Hier, les seize collégiens ont eu droit à un casse-croûte et une compote à la place du repas servi aux autres demi-pensionnaires. Aujourd'hui, vous faites partie des seize parents qui, miracle, ont intégralement réglé leur dette.

Je vous en remercie.

Respectueusement.

Qui paie ses dettes s'enrichit

Madame, Monsieur,

Vous avez offert un scooter flambant neuf à votre fils pour ses 14 ans.

C'est très généreux de votre part de récompenser ainsi sa ténacité à se faire quotidiennement remarquer au collège, ses exclusions régulières de cours et la constance de ses résultats proches du zéro absolu.

S'il vous reste quelques subsides, pourriez-vous également régler une partie de vos dettes – les fonds sociaux du collège en épongent la presque totalité –, dans la mesure où, depuis le début de l'année, votre fils mange au self sans payer ?

Respectueusement.

« L'abandon fait le larron » (Marguerite de Navarre)

Madame,

Votre fils nous pose de gros problèmes de discipline.

Vous n'y êtes évidemment pour rien puisque vous ne le voyez plus : vous l'avez en effet placé dans un foyer afin de vivre librement votre vie. Cette solution vous convient d'ailleurs si bien que vous refusez depuis deux ans de récupérer la chair de votre chair.

Au fait, abandon pour abandon, pourquoi ne déclinez-vous pas les allocations familiales que l'État continue à vous verser pour – ne pas – élever votre enfant ?

Respectueusement.

Usurpation d'identité

Madame,

La veille du départ des 3es en Angleterre, vous nous avez dit que votre fille ne participerait finalement pas à ce voyage scolaire.

Vous nous avez aussitôt fait parvenir un RIB pour que nous vous remboursions les frais engagés. Au passage, laissez tomber pour les 250 euros qui resteront à la charge du collège, ça nous fait plaisir de vous les offrir.

En revanche, vous avez omis de nous préciser que le RIB est à *votre* nom, alors que c'est votre ex-mari qui a payé.

Respectueusement.

Le principal et l'accessoire

Mesdames et Messieurs,

J'admire votre confiance aveugle dans l'Éducation nationale et vous remercie du crédit que vous accordez d'emblée à toute l'équipe de notre établissement.

Lors de l'inscription en 6e de vos enfants, vous n'avez en effet posé quasiment aucune question sur le fonctionnement du collège, la méthodologie des professeurs, les programmes officiels, etc., alors même que vous nous avez assaillis de demandes sur les bourses, les fonds sociaux et la caisse d'allocations familiales.

De la part de tous les professeurs et de tous les encadrants, encore une fois, merci !

Respectueusement.

La cigale et la fourmi

Madame, Monsieur,

Joyeux Noël !

Fini les relances « non reçues », les numéros de téléphone « non attribués », les factures « égarées », les chèques en bois, etc. Réjouissez-vous : comme aux plus belles heures de la Françafrique, vos dettes sont annulées ! Non, non, vous n'avez rien à faire ! Ne vous inquiétez pas, on s'occupe de tout ! C'est juste que mon administration trouve qu'il reste trop d'argent sur la ligne des fonds sociaux du collège. Elle me demande donc « d'apurer les comptes ».

Que dites-vous ?... Et les parents qui se sont saignés aux quatre veines pour payer leurs factures rubis sur l'ongle ? On s'en moque, bien sûr ! Tant pis pour ces naïfs !

Respectueusement.

Le niveau monte

Madame,

Le documentaliste du collège a surpris votre enfant alors qu'il faisait subrepticement une vingtaine de photocopies – non autorisées – au CDI. Apparemment à votre demande, pour des CV.

Vous auriez dû me demander, madame, je vous aurais volontiers aidée !

Pour les photocopies bien sûr, mais également pour quelques points d'orthographe, ceux-ci entre autres : « Titulère d'un bacalauréat de lettre ».

Respectueusement.

L'habit ne fait pas le moine

Monsieur,

Chaque matin, vous déposez votre fille au volant d'une grosse berline noir métallisé, avec un air arrogant. Vous semblez bien fier, monsieur, et je vois bien que, pour vous, la puissance de la voiture et la morgue de son conducteur sont des signes extérieurs de réussite sociale.

Afin de ne pas entamer votre crédit d'amour-propre, je cachette donc l'enveloppe que je vais demander à Éléonore de vous remettre.

Enveloppe qui contient votre chèque en bois pour la demi-pension, qui m'est revenu par voie postale.

Respectueusement.

5.

J'aime vos contradictions

Faites ce que je dis, pas ce que je fais

Madame,

Vous êtes déléguée FCPE*, et votre mari est candidat aux élections départementales du printemps prochain sous une étiquette « progressiste ». Je me félicite que vous prôniez tous les deux publiquement des valeurs humanistes et l'égalité des chances.

En juin dernier, vous aviez choisi l'option latin pour votre fille. Cette rentrée, Anissa a donc été affectée dans l'une des rares « bonnes » classes de notre collège situé en réseau d'éducation prioritaire.

Aujourd'hui 6 septembre, vous m'écrivez pour me demander que votre fille abandonne cette option. Tout en restant dans la même classe, naturellement.

Madame, si Molière vous avait connue, Tartuffe aurait été de sexe féminin.

Respectueusement.

....

L'heure du choix

Madame,

Depuis trois mois que votre fils a un comportement inadapté, vous n'avez répondu à aucun de mes appels téléphoniques, à aucun de mes courriers recommandés.

* Fédération des conseils de parents d'élèves.

Ce matin, il s'est plaint d'un « camarade » qui refusait de lui rendre l'iPhone « trouvé » qu'il lui avait « prêté » pour un futur « échange ». Je lui ai dit que je ne voulais pas cautionner un trafic et j'ai refusé d'intervenir. Il s'est alors sauvé du collège.

Dans la demi-heure qui a suivi, vous avez fait irruption dans mon bureau. Quand je vous ai dit que j'étais tout de même allé récupérer le téléphone portable à l'origine de l'affaire auprès du « camarade » en question, vous m'avez serré les mains avec force et m'avez remercié en sanglotant.

Madame, votre fils s'en sortira plus facilement par les études que par la délinquance. À vous de jouer !

Respectueusement.

Donner, c'est donner, reprendre, c'est voler

Madame,

L'année dernière, vous m'aviez appelé car vous soupçonniez votre fils d'être parti de la maison chargé d'un « surplus » de fournitures scolaires.

Effectivement, dans mon bureau, Jonathan avait sorti de son sac deux petites bouteilles – l'une contenait du whisky, l'autre du rhum – et une chicha avec tout l'attirail : charbon, tabac parfumé à la pomme, etc. Il m'avait confirmé qu'aucun professeur ne lui avait demandé d'apporter ce matériel spécifique. J'avais donc tout confisqué et vous avais informée que vous pouviez venir récupérer ses affaires.

Il y a un an, donc, vous n'aviez pas osé intercepter votre contrebandier avant son départ au collège. Il n'avait pourtant que 12 ans. Vous m'aviez alors laissé carte blanche pour régler un problème qui relevait de la sphère familiale, comme on dit. Aujourd'hui, vous exigez que je vous restitue ce matériel, jeté depuis belle lurette – je ne bois pas d'alcool et suis non fumeur.

Pouvez-vous m'indiquer la marque et le modèle de la chicha, ainsi qu'une adresse de magasin spécialisé, s'il vous plaît, que je rattrape ma terrible bévue ?

Respectueusement.

Amies ou haine-mies ?

Madame,

Le mois dernier, vous avez exigé à grands cris que votre petite chérie soit dans la même classe que sa camarade, condition *sine qua non* pour qu'elle s'épanouisse au collège.

Aujourd'hui, vous me dites que cette amie d'enfance, cette sœur de cœur, persécute votre fille, la poursuit de sa haine et la harcèle, en classe et sur les réseaux sociaux. Vous m'annoncez vouloir porter plainte contre la « copine » en question.

Seuls les imbéciles ne changent pas d'avis, dit-on. Ah bon ?

Respectueusement.

On récolte ce que l'on sème

Madame, Monsieur,

Vous regrettez qu'il n'y ait pas de voyages scolaires cette année.

En voici les raisons :

– Les instances de la fédération de parents d'élèves – à laquelle vous appartenez – ayant fait pression sur notre ministre, les enseignants accompagnateurs doivent désormais payer leur place pour encadrer vos enfants et en être responsables vingt-quatre heures sur vingt-quatre. Ce qui, comprenez-le, modère quelque peu leurs ardeurs d'évasion.

– Les parents ont été outrés, l'année dernière, que les professeurs se plaignent du comportement lamentable de leurs enfants durant le voyage en Angleterre, voyage pour lequel aucun enseignant n'a d'ailleurs reçu le *moindre* remerciement.

– Le montant des chèques en bois s'est élevé à 1 350 euros – pris sur le budget du collège.

– Trois familles se sont désistées la veille du départ – remboursement : 750 euros à la charge du collège.

– Vous râlez lorsque des professeurs manquent des cours pour encadrer un voyage avec une autre classe.

Respectueusement.

6.

J'aime quand vous me prenez pour un lapin de six semaines

Pas de temps à perdre

Madame,

Votre enfant n'est chez nous que depuis deux mois et il est déjà convoqué devant la commission éducative.

Vous tombez des nues car « dans son ancien collège, ça se passait très bien ». Vous me reprochez un manque de bienveillance à son égard.

« Ça se passait très bien », à une trentaine de rapports disciplinaires près, selon le dossier que son ancien établissement n'a pas manqué de nous transmettre...

Respectueusement.

Puberté précoce

Madame, Monsieur,

Ne le prenez surtout pas mal, mais je doute sérieusement de la date de naissance inscrite sur les papiers officiels de votre enfant.

Car c'est bien la première fois que je vois un élève de 6e, officiellement âgé de 12 ans, se raser tous les matins !

Respectueusement.

Anonyme

Madame, Monsieur,

Notre nouvel élève, votre fils, ne répond pas à l'appel de son prénom.

Je formule donc l'hypothèse suivante, laquelle ne doit surtout pas vous vexer : peut-être n'est-il pas encore habitué au prénom inscrit sur ses – vrais ? – papiers d'identité ?

Respectueusement.

Étrennes

Madame, Monsieur,

Je vous remercie beaucoup pour le cadeau de Noël que vous m'avez offert. Il ne fallait pas !

Rassurez-vous, sans mes lunettes, je n'ai pas vu ce qui était écrit en tout petits caractères sur l'emballage : « Objet publicitaire. Ne peut être vendu. »

Respectueusement.

Langage des signes (des singes ?)

Monsieur,

Hier, sur le parking du supermarché, si je vous ai répondu par un signe amical de la tête, c'était par pure bienséance.

Car, lorsque vous m'avez contraint à freiner en me grillant la priorité et que je vous ai klaxonné, j'ai bien vu qu'avant qu'elle ne se transforme rapidement en salut votre main m'adressait un doigt d'honneur !

Respectueusement.

....

Droit au silence

Monsieur,

Je vous donne mot pour mot la même réponse que celle envoyée à votre future ex-épouse la semaine dernière : le juge, pour trancher sur la garde de votre enfant, décidera en son âme et conscience, mais aucunement sous l'influence d'un faux témoignage de ma part.

Respectueusement.

Pas rancunière

Madame,

Je suis sincèrement heureux d'avoir contribué, même modestement, à une réconciliation familiale cette année.

En novembre, je vous avais dit que le lycée d'affectation dépendait de l'adresse de l'enfant. En mai, vous avez attesté par écrit que votre fille, en 3e, partait vivre chez votre sœur, laquelle habite, coïncidence, près du « bon » lycée de notre commune. Roxane n'ira donc pas dans l'établissement correspondant à votre domicile, à la réputation sulfureuse.

La curiosité est un vilain défaut, je sais... Mais j'ai discuté avec votre fille. Elle m'a innocemment raconté que vous aviez invité sa tante pour Noël et qu'elle avait été ravie de la rencontrer pour la première fois, après la brouille qui vous opposait depuis vingt ans.

Respectueusement.

Lapin de garenne

Monsieur,

Votre fils a trois mois d'écart avec son petit frère et cinq avec sa petite sœur.

Dans la mesure où vous n'êtes pas polygame, puisque c'est interdit dans notre pays et que vous n'êtes pas inquiété par la justice française, quel est donc votre secret ?

Respectueusement.

Héritage

Monsieur,

Vous me dites que c'est un cadeau de votre père à votre fils ; que ce dernier y tient tellement qu'il dort avec ; que, si Mike l'a apporté au collège, c'est simplement parce qu'il avait l'intention de « bricoler »...

Très bien. Mais je trouve quand même étonnant que vous autorisiez votre enfant de 11 ans à porter sur lui un cran d'arrêt.

Respectueusement.

Généreux

Madame,

Je prends note : vous m'affirmez sans rire qu'un camarade a spontanément confié son portable, puis donné ses chaussures de sport, puis offert son vélo et enfin prêté de l'argent à votre fils.

Bref, que j'affabule quand je parle de racket...

Respectueusement.

Sans rancune !

Madame,

Vous faites partie de la communauté des gens du voyage.

Hier, vous êtes venue inscrire votre enfant en 6e. Ce matin, vous me demandez, très aimablement au demeurant, un certificat de scolarité, papier officiel qui permet de justifier qu'un enfant âgé de plus de 6 ans et de moins de 16 ans se soumet bien à l'obligation scolaire.

Je sais donc, expérience oblige, qu'à partir de demain votre fils ne viendra plus au collège.

J'ai été heureux de vous croiser, madame.

Respectueusement.

Secret défonce

Madame, Monsieur,

L'année dernière, votre aîné redoublait sa 3e chez nous.

Ce matin, je l'ai vu au volant d'une voiture de sport déposer votre cadet au collège.

Lorsque, c'est très indiscret, je vous l'accorde, j'ai demandé à notre élève comment son grand frère avait pu, en l'espace de quelques mois, vieillir de trois ans – dans mon esprit, il avait encore 15 ans, comme en juin dernier ! –, obtenir son permis de conduire et économiser pour acheter un tel bolide, il m'a répondu, un peu gêné aux entournures : « Ça, m'sieur, j'peux pas trop vous dire ! »

J'ai bien quelques pistes, mais peut-être pourriez-vous m'expliquer plus précisément cet étrange phénomène ?

Respectueusement.

SMS

Monsieur,

Je ne partage pas votre avis. L'affaire est plus grave que vous ne la décrivez.

Certes, votre fils n'a fait que tracer quelques lettres sur sa table au feutre indélébile, pendant son cours d'espagnol. Mais M. Hellebet, son professeur, pourrait porter plainte pour propos homophobes.

Car ces lettres n'ont pas été choisies au hasard. Prenez le temps de les lire : LBC1PD.

Respectueusement.

La main dans le pot de confiture

Madame,

Vous persistez à dire que je me trompe en accusant votre fils. D'après vous, il joue tranquillement dans sa chambre avec un copain et ils n'en sont pas sortis depuis une heure.

Mais si je vous appelle, c'est que *votre* numéro de téléphone était affiché à l'instant sur mon cadran pendant qu'une voix me débitait des insanités !

Respectueusement.

Génie incompris

Madame,

Je ne suis pas convaincu par votre argument : je ne pense pas que c'est parce qu'il est précoce que votre enfant a répondu « Ta gueule ! » à son professeur.

Respectueusement.

....

Équilibriste

Madame,

Théophile fait du VTT sur la roue arrière juste devant le portail du collège, à la sortie des cours. C'est dangereux.

Mais ce qui me gêne le plus, c'est que votre jeune cycliste en est à son quatrième vélo neuf depuis le début de l'année et que vous ne lui en avez manifestement acheté aucun...

Quel problème traitons-nous en premier ?

Respectueusement.

Telle est prise qui croyait prendre

Madame,

Le mois dernier, vous avez réussi, seule, à compléter le dossier de demande de bourse pour vos enfants.

Aujourd'hui, je vous convoque dans mon bureau pour vous parler des sottises de votre aîné, et voilà que vous ne comprenez pas un mot de ce que je vous raconte.

Madame, sachez que, malgré mon front bas, je suis un petit rusé : j'ai prévu un joker !

Laissez-moi vous présenter Mme Dupont, professeure dans notre établissement, qui parle couramment votre langue...

Respectueusement.

7.

J'aime votre délicatesse et votre pudeur

Chien renifleur

Monsieur,

J'ai bien pris note de ce que vous m'avez annoncé au téléphone : votre fils de 15 ans ne rentrera pas avant quelque temps car il est bloqué à la frontière.

Pas la peine d'entrer dans les détails, monsieur. Je devine que cette fois-ci, au jeu des gendarmes et des voleurs, les douaniers ont gagné.

Pour votre fils, je vous conseille le CNED*.

Respectueusement.

Rocco Siffredi

Monsieur,

Et si, afin de payer votre facture de cantine, vous vous lanciez dans une carrière d'acteur de films pour adultes ?

L'idée, saugrenue au premier abord, je vous l'accorde, m'est venue en entendant votre fils dans la cour. Il vantait à ses camarades la taille, fort respectable d'après lui, de cet engin que vous exhibez fièrement en vous promenant chaque jour tout nu dans votre appartement...

Respectueusement.

* Centre national d'enseignement à distance.

Prestige de l'uniforme

Monsieur,

Vous avez encore pensé avec vos biceps !

Plutôt que de nous téléphoner et de nous avertir poliment d'un tonitruant « J'arrive dans votre collège et je vais tout casser ! », vous auriez dû nous ménager l'effet de surprise : vous auriez ainsi pu réaliser votre projet.

Car ce coup de fil préventif et spontané nous a permis de nous organiser – gouverner, c'est prévoir. Raison pour laquelle, à votre arrivée, vous avez trouvé des policiers municipaux – sourires et matraques – devant le bureau de la gestionnaire…

Mais je me suis inquiété pour rien : vous avez été doux comme un agneau !

Respectueusement.

Médiavision

Madame,

Vous avez monté votre petite entreprise et vous tenez à la développer. Intention louable. Vous avez donc customisé votre voiture afin qu'elle serve de publicité ambulante.

C'est avec ce même véhicule que vous venez chercher votre enfant à la sortie des cours. Rien ne l'interdit, bien sûr.

Mais je vous avoue – je suis un peu vieux jeu – que je me sens toujours un peu mal à l'aise quand je vois, garé devant le collège, le coupé sport rose qui promeut votre site internet avec dessins de lingerie fine, cravaches et sex-toys peints sur la carrosserie...

Respectueusement.

Bip... Bip... Bip...

Madame,

Auriez-vous l'amabilité de bien vouloir me transmettre vos nouvelles coordonnées ? Nous éviterons ainsi les impairs.

Suite à un petit problème de comportement de votre fille, j'ai en effet téléphoné ce matin à votre domicile. Une voix mâle m'a alors répondu : « Madame n'habite plus ici, elle a quitté le domicile conjugal en juillet. Par contre, ça m'intéresserait d'avoir des nouvelles de ma fille. »

Respectueusement.

Cela arrive même aux princesses

Madame,

Distinguée, maniérée, limite rigide, vous êtes peut-être sans le savoir une descendante directe d'Ermance Dufaux de La Jonchère, auteure au XIXe siècle du *Savoir-vivre dans la vie ordinaire et les cérémonies civiles et religieuses*. Vous savez, cette dame qui préconisait de toujours placer un chien sous la table, afin de pouvoir l'accuser lorsqu'il arrivait à un convive « un de ces petits accidents inhérents à la misère de la nature humaine » ?

Car, lors de notre entretien dans mon bureau, il n'y avait que nous. Aucun autre mammifère. Et, malgré votre air impassible, je suis formel : l'odeur sournoise et violente, âcre, tenace et pestilentielle, qui m'a soudain pris aux narines, ne venait pas de moi.

Respectueusement.

Une vie bien remplie

Monsieur,

Je suis désolé de ma bévue et vous présente toutes mes excuses.

J'ai pensé que vous aviez mal lu la traditionnelle fiche d'inscription de votre enfant, que vous aviez coché les cases au hasard. Mais, renseignements pris, à 30 ans à peine, vous avez effectivement été marié, puis veuf, puis remarié, puis divorcé, et vous êtes maintenant pacsé.

Respectueusement.

Surprise !

Madame,

Hier soir, pris d'une envie pressante, je suis allé aux toilettes de l'administration du collège.

Comment pouvais-je deviner qu'à cette heure tardive vous aviez rendez-vous avec le professeur principal de votre enfant ? Et que vous aviez une gastro carabinée ? J'ai ouvert la porte. À l'intérieur, sur le trône, en chemisier et tailleur, jupe retroussée et petite culotte sur les chevilles, soulagée et concentrée, vous étiez en train de déféquer bruyamment...

Madame, la prochaine fois, pensez à fermer à clé !

Respectueusement.

Au naturel

Madame,

Vous avez un physique de rêve, c'est indéniable.

Par cette belle journée ensoleillée, lorsque vous êtes venue chercher votre fils à la vie scolaire du collège, moulée dans votre petite robe blanche en tissu vaporeux, nombre de nos adolescents se sont retournés sur votre passage. Je peux même vous dire qu'en salle des professeurs, le lendemain, les enseignants mâles ont bien glosé sur votre galbe. Certains en avaient encore l'écume aux lèvres...

Vous êtes évidemment toujours la bienvenue, madame. J'ai cependant une petite requête à vous formuler afin de pouvoir préserver un calme relatif dans le collège après votre passage : vous serait-il possible, la fois prochaine, de mettre des sous-vêtements ?

Respectueusement.

Bon appétit !

Monsieur,

Pendant notre entretien, lorsque je vous ai tendu la poubelle que vous m'aviez poliment demandée, j'étais loin d'imaginer la scène qui allait suivre.

Vous vous êtes en effet bruyamment raclé la gorge à plusieurs reprises afin de bien ratisser tous les recoins, vous avez consciencieusement opéré un compactage dans votre bouche, envoyant la pelote liquide d'une joue à l'autre, vous avez pris votre inspiration puis, d'un vif mouvement de tête vers l'avant, vous avez expectoré un énorme crachat, glaviot, mollard – type fine de claire taille n° 1 – dans ma corbeille à papier. Vous avez pris un moment pour contempler votre œuvre, glaire verdâtre aux reflets mousseux et argentés, puis m'avez fièrement rendu le tout.

Au fait, c'était pour emporter ou à consommer sur place ?

Bon rétablissement, monsieur !

Respectueusement.

(B)rut

Madame, Monsieur,

Hier soir, au cours de la réunion parents-professeurs, lorsque je suis monté faire ma ronde au deuxième étage, ne croyez pas que je ne vous ai pas vus !

J'ai juste fait semblant... Que voulez-vous, je suis pudibond...

En effet, même si vous étiez cachés dans un renfoncement sombre, vos gémissements ont trahi votre présence.

Certes, c'est le printemps. Mais tout de même, madame, monsieur !

J'ai déjà fort à faire à traquer nos adolescents en pleine poussée hormonale... Épargnez-moi l'effort de canaliser leurs parents ! On n'est pas des bêêêtes !

Respectueusement.

Confusion

Madame,

Hier, lorsque vous m'avez exposé vos difficultés financières – vous êtes sous le coup d'un interdit bancaire – pour régler la demi-pension de votre enfant, je vous ai répondu que vous pouviez régler en plusieurs fois et en liquide.

J'ai bien remarqué votre air surpris et outré. Ne vous méprenez surtout pas, madame. Vous avez mal interprété mon expression.

Je vous ai dit « en liquide ». Pas « en nature » !

Respectueusement.

French kiss

Madame,

Nous avons fait connaissance hier.

Croyez bien que si je vous ai tendu la main à l'issue de notre entretien, ce n'est surtout pas parce que je me prends pour ce que je ne suis pas, mais tout simplement parce que je suis un peu réservé et estime qu'il est normal pour un chef d'établissement d'observer une certaine distance avec les parents d'élèves.

Visiblement, vous ne partagez pas cette conception des relations puisque vous estimiez que nous étions suffisamment intimes pour me tendre vos lèvres.

La prochaine fois, peut-être ?...

Respectueusement.

Nouveau riche

Monsieur,

Vous nous faites l'honneur d'appeler régulièrement le collège.

Je me permets de vous apporter les informations suivantes, si vous m'en estimez digne naturellement :

– Dans l'entreprise que vous dirigez, je ne sais pas, mais dans notre vénérable Institution, il est d'usage de dire bonjour au personnel qui vous répond au téléphone.

– Avec 1 600 parents d'élèves, il n'est pas scandaleux de ne pas vous reconnaître au premier « Allô ? ».

– La secrétaire, de même que l'agent d'accueil, a toute compétence pour répondre à des demandes aussi essentielles que : « À quelle heure ma fille termine-t-elle aujourd'hui ? » « Je veux voir son professeur principal ! » ou « Les vacances, ça commence bien le 12 ? ».

– Bien que fonctionnaire, il m'arrive sporadiquement d'être occupé. D'où, parfois, l'impossibilité de vous prendre en ligne immédiatement. Et l'agent d'accueil n'y est pour rien.

– L'emplacement devant le collège, réservé aux cars scolaires, est interdit aux voitures, même aux coupés sport.

– La secrétaire n'a pas pour attribution de proposer un café aux parents d'élèves...

– ... ou d'accepter une invitation à dîner en tête à tête.

Respectueusement.

Précaution sanitaire inutile

Madame,

Vous venez de décorer un fauteuil de l'administration du collège avec votre vomi.

Ne soyez pas gênée – vous ne l'êtes d'ailleurs aucunement –, cela arrive à tout le monde d'être barbouillé. En vous voyant dans cet état, j'ai vraiment craint, l'espace d'un instant, que vous n'ayez attrapé un vilain microbe et que vous ne transmettiez votre maladie à tout le monde dans notre établissement.

Mais me voilà rassuré...

... car je sais que la gueule de bois n'est pas contagieuse.

Respectueusement.

Lama

Madame,

Quel dommage, vous avez tout gâché !

Véritable mère poule, vous avez à nouveau attendu à la sortie du collège celui qui avait attaqué votre petit poussin. Mais, cette fois-ci, pas pour le frapper. Bien ! Vous progressez !

Nonobstant une syntaxe approximative et un vocabulaire de charretier, vous avez même entamé avec lui un dialogue constructif et bienveillant. Bravo ! L'agresseur d'un mètre trente s'est alors dressé sur ses ergots pour mieux vous entendre et, qui sait, dans l'intention de mieux vous connaître, vous a répondu : « Tekitoi ? »

Du coup, pffft !

Mauvais réflexe : vous lui avez craché au visage. Quelle triste fin ! Vous étiez de si bonne volonté pour engager des négociations !

Respectueusement.

Cul cul clan

Madame,

Vous me mettez dans l'embarras.

Vous m'apprenez qu'un professeur du collège trompe sa femme, accessoirement votre meilleure amie, avec une collègue de SVT. Vous me sommez d'intervenir pour mettre fin à cette liaison extraconjugale sous peine de tout raconter à l'épouse cocufiée.

À votre avis, dois-je solliciter l'aide de notre professeur de technologie, mari de la collègue volage ?

Respectueusement.

Vie privée, vie publique

Madame,

Vous me dites que votre mari vous impose par la force fellations et sodomies.

Je vous invite plutôt à contacter une association ou à déposer plainte. Car, personnellement, cela me gêne d'aborder le sujet avec lui.

Et pas uniquement parce que c'est un professeur du collège.

Respectueusement.

Orage en vue

Monsieur,

Vous qui « la connaissez par cœur » aviez raison : votre chérie, l'amour de votre vie, la mère de votre enfant, celle que vous avez librement consenti à prendre pour épouse, est effectivement, comme vous me l'avez dit hier au téléphone, « agressive », « orgueilleuse », « imbue d'elle-même », « insupportable » et « hystérique ».

Merci encore de m'avoir prévenu : j'ai pu ainsi faire une provision de patience et me montrer compréhensif. Du coup, notre entretien à tous les trois s'est, somme toute, bien déroulé.

Respectueusement.

Courant d'air

Monsieur,

Si je puis me permettre une petite remarque – n'y voyez aucun jugement – sur votre tenue vestimentaire...

Le gris anthracite de votre costume-cravate jure terriblement avec la couleur criarde de votre boxer, exposé à la vue de tous à travers votre braguette restée ouverte.

Respectueusement.

Énurésie diurne

Madame,

Je vous comprends : j'ai moi aussi parfois des problèmes de vessie.

Jeudi dernier, l'âme bucolique, ou bien parce que ça ne pouvait plus attendre, vous vous êtes soulagée dans le patio du collège, derrière des buissons. Mais, dans votre hâte, vous n'avez pas levé les yeux !

Je vous informe donc que, depuis ce jour, une dizaine de collégiens qui avaient cours en salle B 05, au premier étage, côté vitre, ne parlent plus que de votre tatouage sur la fesse gauche...

À quand la fesse droite ?

Respectueusement.

Surprise-partie

Madame, Monsieur,

Je suis désolé. Nous devons obligatoirement effectuer trois exercices d'évacuation du collège durant l'année. Si j'avais su, j'aurais déclenché l'alarme plus tard. Voire le lendemain. Car pour vous, monsieur, ça a dû être une sacrée débandade ! Et pour vous, madame, un sacré coup de chaud !

500 élèves qui surgissent brusquement et se rangent dans la cour de l'établissement, le long de la clôture, à un mètre de vous, pour fuir les flammes, alors que vous, monsieur, êtes justement en train de déclarer vigoureusement la vôtre à vous, madame, en tenue d'Ève, aucun scénariste d'Hollywood n'aurait imaginé un tel tableau !

Respectueusement.

Basse-cour

Madame Dupont, Madame Durand,

Pourriez-vous parler un peu moins fort, je vous prie ?

Non pas que je réclame le silence absolu lors des rencontres parents-professeurs, mais le couloir dans lequel vous patientez résonne terriblement. Du coup, vos voix portent autant que celle d'une diva. Je n'ose imaginer ce qu'en pensent les principaux intéressés.

Vous êtes en effet en train de passer en revue tous les professeurs mâles du collège et de fantasmer sur leur hypothétique enthousiasme amoureux...

Respectueusement.

Tiré par les cheveux

Madame,

A priori, votre échauffourée avec une autre mère d'élève devant le collège ne devait pas être un spectacle comique.

Mais comme, après avoir attrapé votre adversaire par les cheveux, vous avez dû lui rendre ses dreadlocks qui vous étaient restées dans la main, avec un sourire coupable, la scène était irrésistible.

Respectueusement.

Neutre

Madame,

Vous vous étiez proposée pour accompagner nos élèves à la sortie scolaire de demain. Ce matin, vous m'appelez pour vous désister. Certes, votre vie privée ne me regarde pas. Mais, je vous l'écris sans détour, vos propos me plongent dans l'embarras : « Monsieur Romain, je ne serai pas là pour la sortie, mais est-ce que ça peut rester entre nous, s'il vous plaît ? Officiellement, je serai présente, d'accord ? »

Bien sûr, je ne vous dénoncerai pas. Mais quant à être votre complice...

Respectueusement.

Patience et longueur de temps…

Madame,

20 h 45. Fin des rencontres individuelles parents-professeurs. Dernier tour des locaux afin de vérifier que toutes les lumières sont éteintes.

Tiens, les néons du couloir du 2e étage sont encore allumés ! Ils vous éclairent, vous, madame, qui attendez patiemment votre tour, plongée dans votre livre,
frêle silhouette assise sur une chaise de collégien, face à la salle de M. Dupont.

J'ai l'impression que vous n'avez pas vu le panneau à l'entrée du collège signalant son absence.

Il sera présent demain dès 9 h 30.

Vous restez là ? C'est que j'aimerais bien pouvoir rentrer chez moi, à présent…

Respectueusement.

8.

J'aime votre respect des institutions

Dura lex, sed lex

Madame, Monsieur,

Votre culot et la verve de votre avocat forcent l'admiration.

Votre fils, qui a été surpris en train de frauder à l'examen du diplôme national du brevet, a été sanctionné par le rectorat. Vous avez immédiatement attaqué la décision au tribunal administratif.

Et vous avez gagné : le juge a en effet estimé que votre petit génie avait triché en toute innocence puisque les surveillants n'ont pas spécifié, en début d'épreuve, qu'il était interdit de frauder.

Respectueusement.

Des calculs qui donnent la colique (néphrétique)

Madame,

Le professeur de mathématiques a entré les notes de votre fille dans notre logiciel. Ce dernier a calculé sa moyenne : 3,70 sur 20.

Mais, de son côté, votre matheuse émérite a trouvé 4,30. Furieuse de cette erreur et forte de votre confiance aveugle en votre progéniture, vous m'avez annoncé que vous alliez vous déplacer à l'inspection académique pour contester. Naturellement, vous avez employé le vocabulaire habituel : injustice, discrimination, racisme, etc.

J'avoue, madame, que j'ai un instant craint pour votre vie. Heureusement, le professeur m'a rassuré : le ridicule ne tue pas !

Respectueusement.

Mauvais joueurs

Madame, Monsieur,

Je comprends votre légitime déception lorsque, en même temps que le bulletin trimestriel, le professeur principal de votre petit ange vous a remis un « avertissement de conduite ».

Mais pourquoi, madame, avoir déchiré l'avertissement et l'avoir jeté à la tête de l'enseignant ? Pourquoi, monsieur, avoir chiffonné le bulletin et l'avoir lancé dans la poubelle – panier à trois points, bravo ? Pourquoi avoir renversé vos chaises et tourné les talons, incitant votre fils à faire de même ?

Ce n'était pas après vous que les enseignants en avaient !

Respectueusement.

Instance supérieure

Madame,

Je prends bonne note que vous exigez finalement que votre fils passe en 2de générale, malgré une moyenne proche de zéro.

Lors de notre entretien, vous vous étiez pourtant rangée à mon avis.

Comme vous, je me plie donc à la décision du « conseil de famille » que votre mari a réuni en urgence pour statuer...

Respectueusement.

....

Mieux vaut tard que jamais

Monsieur,

En juin dernier, lorsque le conseil de classe avait proposé un passage en 5e pour votre fils alors que vous souhaitiez un redoublement – « Il en fout pas une, ce ramier, ça lui f'ra la nique », aviez-vous argumenté –, nous n'avons pas réussi à vous joindre car vous étiez, vous et votre petite famille, déjà partis en vacances.

Aujourd'hui, surpris de le voir dans la classe supérieure, vous exigez qu'il retourne en 6e.

Pas de problème, monsieur.

Un petit regret cependant. Il aurait été préférable, dans l'intérêt de votre enfant, que cette histoire se règle plus tôt : nous sommes déjà le 15 décembre...

Respectueusement.

Scribe

Madame,

Le mois dernier, vous êtes venue faire un scandale à l'administration du collège.

Veuillez trouver ci-joint le mot que votre fille a affiché aujourd'hui sur la porte, lors de la pause méridienne : « Ces feignasses du secrétariat sont encore absentes. »

Ce n'était pas son écriture. Pourriez-vous m'aider à retrouver l'auteure de cette affichette, s'il vous plaît ? J'aimerais saluer sa perspicacité.

Respectueusement.

Contrition

Madame,

Suite à la déclaration malvenue de votre fille à son professeur : « Fais chier, tu pues d'la gueule ! », il lui a été demandé de rédiger une lettre d'excuses.

Vous avez contresigné sa missive.

Toutes les vérités ne sont pas bonnes à dire, madame ! Peut-être auriez-vous pu suggérer à Miranda de faire preuve d'un peu plus de délicatesse. Ses excuses, formulées dans les trois premières lignes, ont en effet été gâchées par sa dernière phrase : « Conclusion : je regrette d'avoir été grossière mais c'est vrai que vous sentez mauvais de la bouche. »

Respectueusement.

Gouverner, c'est prévoir

Monsieur,

Rappelez-vous : à l'issue du conseil de discipline de votre aîné, vous aviez manifesté votre désaccord – selon vous, votre fils avait été injustement condamné – en renversant une table et plusieurs chaises, en hurlant des grossièretés et en menaçant de mort plusieurs professeurs présents. Votre épouse avait fait semblant de s'évanouir sous le coup de l'émotion, nous accusant de lui provoquer un pseudo-arrêt cardiaque. Votre fils, lui, s'était contenté d'un sobre « bande de fils de putes » avant de sortir.

Comme je préfère la dignité et le flegme aux manifestations exubérantes et autres démonstrations spontanées, je tiens à vous avertir que la police municipale est prévenue de la tenue, ce soir, du conseil de discipline de votre cadet.

Respectueusement.

À question stupide...

Madame,

J'ai bien reçu votre courrier, que le ministre nous a transmis via son cabinet puis via celui du recteur puis via celui de l'inspecteur d'académie.

Concernant votre question « Pourquoi mon fils n'a-t-il pas été accepté en section européenne ? », je vous informe que vous allez bientôt recevoir ma réponse, via le cabinet de l'inspecteur d'académie puis via celui du recteur puis via celui du ministre : « Parce que nous avions de meilleurs candidats. »

Respectueusement.

École publique et laïque

Monsieur,

Le jour de la rentrée, nous autorisons les parents à déjeuner au self du collège avec leur chérubin qui entre en 6e. Vous en avez donc profité pour accompagner votre petite.

Sur la chaîne du self, dans une ambiance conviviale et détendue, au milieu des autres néo-collégiens, des mamans et des papas, vous avez pris un plateau, une serviette, un verre et des couverts. Puis vous avez choisi votre entrée, votre fromage et votre dessert. Au moment de prendre votre assiette chaude – steak haché-frites pour ce premier jour –, vous vous êtes emporté et, d'un brusque mouvement du bras, avez balancé par terre les deux plateaux – celui de votre fille et le vôtre –, devant les autres élèves et parents, décontenancés. Puis vous avez empoigné votre enfant par le bras et l'avez entraînée dehors en hurlant qu'elle ne remettrait plus les pieds dans ce genre d'établissement.

Monsieur, nous avions pourtant bien précisé sur le dossier de préinscription que nous ne servions pas de viande halal !

Respectueusement.

Aux grands maux les grands remèdes

Madame, Monsieur,

Votre fils n'allait en cours que lorsqu'il en avait envie, n'y faisait strictement rien, provoquait constamment ses professeurs et se montrait extrêmement violent avec ses camarades. Le conseil de discipline a donc voté son exclusion définitive. Si mon calcul est exact, vous en êtes maintenant à cinq établissements scolaires en trois ans pour votre enfant. Mais, cette fois-ci, vous avez décidé – enfin – de prendre les choses en main...

Vous me rappelez que cela fait huit jours déjà que votre petit ange est déscolarisé et que nous ne lui avons toujours pas fourni de travail scolaire, alors que la loi nous en donne l'obligation. Certes, Bachir sait qu'il peut venir chercher ses devoirs au collège quand il le souhaite. Certes, il a toujours ses manuels à la maison, puisque vous ne nous les avez pas rendus. Mais il n'empêche.

Face à ce scandale et dans l'intérêt de votre fils, vous avez pris la décision qui s'imposait : porter plainte contre le collège.

Respectueusement.

Droits et devoirs

Madame,

À 14 h 10, votre fille a eu une altercation avec une assistante d'éducation qui osait lui demander de ranger son iPhone en salle de permanence.

À 14 h 15, alertée par un SMS de Noémie, vous avez téléphoné à la vie scolaire pour exiger des excuses de la surveillante.

À 14 h 30, j'ai confisqué le téléphone portable de votre enfant car, comme vous le savez – vous avez signé le règlement intérieur –, son utilisation est interdite au collège.

À 14 h 45, prévenue grâce au smartphone d'une copine de votre fille, vous m'avez envoyé un e-mail injurieux.

Il est 15 heures, madame, et vous avez entièrement raison : je n'ai effectivement pas le droit de garder cet objet personnel. Je vais donc de ce pas le rendre à votre princesse en lui priant de bien vouloir m'excuser pour cet abus de pouvoir.

Respectueusement.

Molière ? César ? Oscar ?

Monsieur,

À l'écoute du verdict du conseil de discipline de votre fils, vous vous êtes levé sans un mot ; vous vous êtes dirigé d'un pas martial vers la sortie, toujours sans rien dire, et avez ouvert la porte silencieusement.

Vous vous êtes alors retourné lentement, la tête exagérément haute ; vous avez dévisagé, yeux plissés, tous les membres du conseil puis, d'un geste auguste, les avez pointés du doigt un par un. Relevant votre menton, repliant votre bras, fermant votre poing et sortant votre pouce, vos yeux lançant des éclairs, vous avez alors mimé, au ralenti, un égorgement.

Belle prestation théâtrale, monsieur ! Votre fils, aux premières loges, a dû apprécier la performance !

Respectueusement.

2 x 1 = 1 x 2

Madame,

Un linguiste pourrait sûrement nous départager.
Personnellement, et contrairement à vous, je ne pense pas que *deux* heures de colle pour *une* bêtise constituent, comme vous me l'avez dit avec véhémence, une *double* peine.

Respectueusement.

Y a pire ailleurs

Madame,

Vous contestez l'heure de retenue de votre fils.
Vous me dites que, si votre enfant n'a pas fait ses devoirs, c'est parce qu'il a « une vie sociale » et qu'il a « autre chose à foutre ». Que, lorsque le reproche lui en a été formulé, « il a pas insulté sa prof ». Qu'enfin « il s'est pas sauvé du bahut » et qu'« il a rien cassé ».
Vous m'avez convaincu de sa conduite exemplaire, madame. Du coup, je pense même le proposer pour le Prix national de l'éducation.

Respectueusement.

Susceptible

Monsieur,

Lors de la remise des bulletins du premier trimestre, vous avez été vexé que l'on ne vous traite pas en VIP : vous avez jeté votre carte d'identité à la figure du pauvre agent d'accueil qui ne faisait qu'appliquer les consignes en vous la demandant.

Afin d'éviter un nouvel esclandre, je vous ai envoyé le bulletin du deuxième trimestre par voie postale. Du coup, vous voilà à nouveau vexé et vous me menacez de porter plainte pour discrimination.

La discrimination envers les imbéciles, monsieur, ça compte ?

Respectueusement.

La fourmi n'est pas prêteuse

Madame,

Quand votre fille s'est fait confisquer son portable par un professeur pour cause d'utilisation abusive en cours, vous m'avez appelé afin d'exiger une restitution immédiate.

Idem pour sa brosse à cheveux et son miroir. Pareil pour son paquet de chips et sa cannette de soda.

Afin de vous éviter un nouveau coup de fil, je vous informe que je tiens à votre disposition, dans la corbeille à papier de mon bureau, le chewing-gum – mâchouillé – de Lola.

Respectueusement.

Bourreau d'enfant !

Madame,

N'exagérons rien. Non, votre enfant n'a pas été « séquestré au collège ». Pas la peine d'alerter Amnesty International.

Il a juste eu une heure de retenue.

Respectueusement.

Mal-t-à propos

Monsieur,

Lors de la soirée des rendez-vous individuels parents-professeurs, avec votre allure décontractée, votre chewing-gum et votre catogan – je n'ai pu m'empêcher de songer aux illustrations du beauf de Cabu, vous a-t-on déjà fait remarquer cette ressemblance ? –, vous avez lancé à la cantonade un trait d'esprit hautement spirituel : « Proutttt est pas dans sa salle ? » en insistant bien sur la liaison.

« Si, si ! Elle arrive ! » vous a répondu l'intéressée, professeure de français de votre fils, imperturbable, surgissant juste derrière vous dans le couloir.

Monsieur, je vous précise qu'il n'y a pas de *t* à la fin de son nom.

Respectueusement.

Solilogue

Madame,

J'ai répondu à votre appel téléphonique alors que j'allais juste quitter mon bureau pour satisfaire un besoin naturel.

Je vous avoue avoir raté une partie de votre monologue : tandis que vous hurliez, j'ai en effet posé le combiné (en mettant le haut-parleur tout de même), ai filé aux toilettes en face soulager ma vessie, puis je me suis lavé et essuyé les mains. Enfin, j'ai récupéré le téléphone en ânonnant un « hmm hmm ».

Comme vous poursuiviez votre diatribe, vous n'y avez vu que du feu.

Excusez-moi, pourriez-vous me rappeler le prénom et le nom de votre fils ?

Respectueusement.

Bruits de couloir

Mesdames,

Grâce à la fenêtre entrouverte de mon bureau qui donne sur l'endroit où vous devisez tranquillement à voix haute, je suis ravi d'apprendre que vous recensez parmi les professeurs du collège un « fainéant de première », un « dégénéré du bulbe », une « reine des pétasses », un « nain de jardin », un « éléphant de mer », un « lepéniste » et même – mais d'où tenez-vous ces certitudes ? – une « Marie-couche-toi-là ».

Respectueusement.

Crime de guerre

Monsieur,

En EPS, des garçons de 6e ont ouvert la porte du vestiaire des filles, où se trouvait notamment votre petite Zohra.

Ils seront bien sûr réprimandés pour cette infraction au règlement intérieur de notre collège laïque. Je ne pense pas cependant qu'ils méritent la peine de mort, même en considérant votre argument : « C'est très grave parce que la religion interdit aux hommes de voir des femmes nues. »

Respectueusement.

Graphologie

Madame,

Il y avait à mon intention ce matin dans la boîte aux lettres du collège une lettre dactylographiée incendiaire, signée à la main « Anonymement, un élève délégué de 3e ».

Sans prétendre être Sherlock Holmes, je constate que :

– le professeur mis en cause dans cette lettre n'enseigne que dans une seule 3e ;

– cette 3e a *un* délégué et *une* déléguée ;

– vu leurs tournures, les phrases ont été rédigées par un adulte ;

– vous mettez régulièrement des mots à l'adresse des professeurs dans le carnet de liaison de votre fils, délégué de cette 3e ;

– vous avez une écriture caractéristique.

Perdu, madame, je vous ai reconnue !

Respectueusement.

Touche pas à mon pote

Mesdames,

Vos deux fils se sont battus. Je leur ai donné une heure de retenue chacun.

Du coup, chacune de votre côté, vous m'avez téléphoné pour m'accuser d'avoir scandaleusement sanctionné votre enfant, victime innocente, alors que l'autre belligérant, un voyou particulièrement violent, s'en tirait les cuisses propres.

Et, corollaire, vous m'avez toutes deux accusé de racisme. Que puis-je vous répondre ?...

Respectueusement.

Vroum vroum !

Monsieur,

Vous avez obtenu une demande de dérogation pour notre collège. Du coup, chaque matin, vous accompagnez votre fils en voiture avant de partir au travail – vous êtes commercial. Aujourd'hui, vous m'annoncez que votre enfant sera désormais scolarisé près de chez vous, dans un autre établissement.

Car on vous a retiré tous vos points sur votre permis.

Comme dit le slogan : « Boire ou conduire (son fils au collège), il faut choisir ! »

Respectueusement.

9.
J'aime vos combats

Gagné !

Madame la déléguée des parents d'élèves,

L'année dernière, vous nous avez livré une farouche bataille afin que les élèves de 4e puissent suivre *et* les cours d'anglais euro *et* les cours de latin.

Face à votre pugnacité, j'ai donc fini par établir l'emploi du temps du collège autour de *votre* revendication, et cela n'a pas été une mince affaire, je vous le garantis.

Au final, *un seul* élève – votre enfant, quelle coïncidence ! – a choisi les deux options... avant d'abandonner le latin au bout de trois séances.

Mais vous avez obtenu gain de cause !

Quel sera donc votre prochain cheval de bataille ? J'en tremble d'avance...

Respectueusement.

Traumatisme psychologique irréversible

Madame, Monsieur,

Je crois que nous nous sommes mal compris.

Chaque trimestre, nous offrons un chocolat chaud aux collégiens qui, scolairement, donnent le maximum, quels que soient leurs résultats. Si votre enfant n'y a pas eu droit, c'est parce que ses professeurs estiment qu'il pourrait faire beaucoup mieux au regard de ses capacités.

Les bonbons que vous lui avez achetés en compensation me semblent donc un peu superfétatoires.

Mais vous êtes seuls juges, bien entendu.

Respectueusement.

Rupture compliquée

Madame,

Après quinze jours d'une idylle passionnée, ponctuée de bisous discrètement échangés, votre fille de 11 ans a été abandonnée par son amoureux et voisin de classe.

Du coup, vous harcelez le goujat d'appels téléphoniques et de SMS. Hier, vous l'avez attendu à la sortie du collège et l'auriez volontiers claqué si je n'avais pas été présent. Effrayé par votre gabarit et votre détermination, le petit est revenu ce matin en possession d'une arme blanche, « au cas où ».

Madame, je veux bien régler cette histoire de cœur, mais j'ai besoin de votre aide : ne faites rien !

Respectueusement.

Le bâton pour se faire battre

Madame,

Vous avez envoyé à l'inspection académique le récapitulatif de toutes les absences des professeurs de votre enfant depuis le début de l'année scolaire.

Vous vous doutez bien qu'en prenant connaissance de votre initiative les personnes concernées n'ont pas sauté de joie.

À mon tour, je fais preuve d'audace en vous posant deux questions :

– Avez-vous informé votre mari, enseignant dans notre collège, de votre démarche ?

– Vous qui êtes également professeure, vous rappelez-vous que vous avez demandé votre mutation dans notre établissement ?

Respectueusement.

Des faïences aurtografiques

Madame,

Vous avez très aimablement corrigé en rouge une faute d'orthographe sur le document que je vous ai envoyé.

Vous m'encouragez ainsi à toujours progresser dans ce domaine et je vous remercie de votre sollicitude.

Rassurez-vous, je n'ai trouvé votre initiative ni cuistre ni déplacée.

Et si je prends la plume, c'est juste pour vous confirmer, sans vouloir vous vexer – nous sommes entre spécialistes –, que « quatre » est bien invariable et ne prend donc jamais de *s*.

Respectueusement.

Professionnelle amatrice

Madame,

Je suis au regret de vous informer que plusieurs fautes d'orthographe et de syntaxe se sont glissées dans le tract que vous avez rédigé. Ce tract, que vous avez ensuite fait distribuer par votre fils de 11 ans dans l'enceinte du collège, appelait à la mobilisation générale contre l'État.

Rassurez-vous : cela ne prêtera à aucune conséquence puisque vous êtes déléguée des parents d'élèves, donc intouchable. Je suis certes un peu vexé d'avoir été court-circuité, mais je sais bien que, si vous n'avez pas fait appel à moi directement, c'est sans doute par pudeur... Votre délicatesse vous honore... Dommage cependant : sachez en effet que je suis très corporatiste.

J'aurais volontiers corrigé vos erreurs, chère collègue professeure des écoles !

Respectueusement.

Y a qu'à faut qu'on

Monsieur,

Après le cas de méningite détecté au collège, vous avez trouvé *la* solution pour éradiquer une improbable contagion : « Il faut désinfecter l'air ! »

Je me permets de m'approprier pour l'occasion la repartie du général de Gaulle – adressée à l'homme qui lui avait crié « Mort aux cons ! » – pour vous répondre : « Vaste programme ! »

Respectueusement.

Question de choix...

Madame,

Durant les quatre années de la scolarité de votre enfant au collège, vous vous êtes dévouée corps et âme à l'association des parents d'élèves.

Parfois au détriment de votre vie professionnelle, souvent au détriment de votre vie privée. Parfois pour des sujets utiles, souvent pour des sujets futiles.

Aujourd'hui, votre fils sombre dans la délinquance et votre mari vous a quittée.

Je le sentais tellement venir !

Respectueusement.

Droit dans mes bottes

Madame,

Pendant mes vacances, dans les pays où cette pratique est d'usage, je me plais, moi aussi, à négocier tel un marchand de tapis. Mais pas dans l'enceinte de mon établissement.

Aussi, vous allez sans doute me trouver psychorigide, madame, mais je campe sur mes positions concernant les deux heures de retenue que votre enfant doit effectuer au collège : d'une part, elles ne seront pas réduites à une heure, d'autre part, et surtout, elles ne pourront pas être faites chez vous.

Respectueusement.

Pris de haut

Madame,

Pour attribuer les 200 casiers individuels du collège, nous avons tout simplement procédé par ordre alphabétique.

Votre enfant n'a donc aucune raison de « se sentir humilié », comme vous dites, parce que le sien est en bas.

Respectueusement.

Dessous-de-table

Madame,

Je vous informe que, si nous ne pratiquons plus le redoublement dans notre collège, c'est tout simplement pour être en règle avec les instructions officielles, que je tiens d'ailleurs à votre disposition.

Et non, comme vous me l'avez reproché : « Pour toucher votre prime ! »

Respectueusement.

Communauté éducative

Mesdames, Messieurs,

Vous avez décidé d'occuper le collège pour protester contre sa fermeture prochaine.

Hier soir, vous êtes donc arrivés avec armes et bagages : duvets, lits de camp, couvertures, oreillers, masques pour dormir, bouchons d'oreilles, veilleuses pour les plus peureux, journaliste, Thermos, jeu de tarot, etc.

Vous avez dîné dans le hall, sans doute dans une joyeuse ambiance grâce au guitariste de la troupe. Puis vous vous êtes installés dans les salles de classe pour y passer une nuit qui a dû vous rappeler les colos de vos 15 ans.

Ce matin, effectuant le tour des locaux, j'ai inspecté les toilettes.

Je suppose qu'il n'est pas indispensable que je cherche à identifier le propriétaire du préservatif usagé que je viens de découvrir dans la poubelle...

Respectueusement.

10.

J'aime les rapports que vous entretenez avec les professeurs

Duo de choc

Madame, Monsieur,

Effectivement, la gestion de classe de la professeure de mathématiques de votre enfant s'avère, disons, compliquée.

J'ai le plaisir de vous annoncer que l'Institution vient de lui adjoindre un tuteur pour l'aider à surmonter ses difficultés professionnelles. Tempérez cependant votre enthousiasme à la lecture de cette nouvelle, car l'efficacité de cette prochaine collaboration me paraît loin d'être acquise. Le tuteur en question se trouve en effet être son mari.

Et, je vous le dis confidentiellement, ils sont en instance de divorce.

Respectueusement.

Surnom

Monsieur,

Je vous précise que le professeur de votre enfant s'appelle Monsieur Dupont et non pas « Mister Bouboule », comme je vous ai entendu dire hier par erreur.

Respectueusement.

Jaloux

Monsieur,

Que vous ayez une dent contre le professeur de votre enfant, je le comprends aisément.

Mais de là à le menacer de dévoiler à sa femme les relations particulièrement amicales que ce dernier a nouées avec une mère d'élève, laquelle se trouve être votre épouse…

Respectueusement.

Fayotage marital

Monsieur,

J'ai bien noté ce que vous venez de me confesser au téléphone : vous ne pensiez pas un mot des méchancetés que vous avez dites hier au professeur de votre enfant. Je vous remercie de votre honnêteté et lui transmettrai vos propos.

La prochaine fois, je préférerais cependant que vous vous absteniez de toute agressivité envers l'enseignant, quitte à perdre la face devant votre femme.

Respectueusement.

Enthousiasme débordant

Madame,

Je conçois que vous ayez voulu faire du zèle : vous souhaitiez faire plaisir à votre nouveau conjoint en défendant sa fille.

Il aurait cependant été préférable de vous renseigner avant votre entretien. Vous vous êtes en effet montrée maladroite : face à son professeur de français, vous avez critiqué durant cinq bonnes minutes l'incompétence de celui que votre belle-fille avait eu l'année précédente dans cette discipline.

Malheureusement, il s'agit de la même personne...

Respectueusement.

La critique est aisée, mais l'art est difficile

Madame,

Durant une demi-heure, vous avez humilié le professeur principal de votre enfant.

Vous l'avez abreuvé de reproches. Vous avez pointé ses supposés dysfonctionnements. Vous lui avez prodigué des conseils soi-disant avisés. Vous l'avez aiguillé vers des lectures pédagogiques. Vous lui avez suggéré des postures et des attitudes plus adéquates selon vous.

Juste une petite question, madame : pourquoi donc avez-vous démissionné de l'Éducation nationale ?

Respectueusement.

Cupidon

Madame,

Vous êtes une mère célibataire.

Le professeur d'EPS de votre enfant est jeune, beau et sportif.

Néanmoins, je ne suis pas persuadé que cela suffise à justifier votre visite surprise à son domicile...

Respectueusement.

Râteau

Madame,

Vous êtes venue avec votre compagne au rendez-vous de parents que vous avait donné la professeure principale de votre fille. Cette enseignante vous a littéralement mais involontairement ensorcelée.

Sachez cependant que, mariée à un homme et strictement hétérosexuelle, elle est restée insensible au numéro de charme que vous avez déployé. Elle n'a donc nullement l'intention de vous rappeler au 06 que vous lui avez discrètement glissé, une fois votre conjointe sortie de la salle avec Mélodie.

Respectueusement.

« Que d'eau, que d'eau ! » (Mac-Mahon)

Madame,

Vous racontez à tout-va que le professeur de votre enfant, ce fainéant, a pris trois jours de congé pour son déménagement.

Votre information est exacte mais incomplète. L'enseignant a effectivement quitté son domicile pour un autre. Quant aux soixante-douze heures, c'est parce que faire ses cartons prend plus de temps avec une maison inondée jusqu'au premier étage.

Respectueusement.

---

0 sur 20

Monsieur,

Ce n'est pas (pas encore ?) paru au *Journal officiel*. Ce sont donc toujours les professeurs qui évaluent les élèves. Point final. Les parents, même frustrés par un « non acquis », doivent rester en dehors de cette relation duelle. Vous n'aviez donc pas à attribuer de note au professeur, sur la copie de votre enfant : la prochaine fois, signez-la, tout simplement !

Petit aparté : vous n'avez guère fait preuve de bienveillance dans votre évaluation !

Respectueusement.

Machos

Messieurs,

Je vous pratique depuis quelques décennies. En cette journée de la Femme, je tiens à vous rappeler quelques évidences concernant les professeurs de sexe féminin et, éventuellement, à vous mettre en garde.

– Elles sont aussi aptes que leurs collègues masculins à être professeur principal.

– Elles peuvent enseigner toutes les disciplines, sur tous les niveaux.

– Elles sont protégées par la loi contre tout ce qui relève de l'intimidation, de la menace, etc.

– Elles n'attendent pas un entretien père-enseignante pour trouver l'élu de leur cœur.

– Elles sont parfois mariées à de grands baraqués jaloux.

– Certaines pratiquent un sport de combat.

– Elles manient, souvent avec bonheur, l'art de la rhétorique et de la repartie.

– Elles ont l'ouïe fine, surtout lorsqu'on parle d'elles.

– Certaines sont susceptibles.

Cela étant dit, n'hésitez pas à prendre rendez-vous !

Respectueusement.

Goût de luxe

Madame,

Lors de la réunion préparatoire au voyage scolaire éducatif en Italie, vous avez formulé des reproches virulents à la professeure organisatrice : l'hôtel dans lequel vont séjourner les élèves en février ne possède pas de piscine.

J'espère que vous autoriserez tout de même votre enfant à visiter les merveilles de la Ville éternelle...

Respectueusement.

11.
J'aime votre crédulité

I'm learning in the rain

Madame, Monsieur,

Contrairement à ce que vous a raconté votre enfant, je vous confirme que les cours sont bien assurés, même par temps de pluie.

Respectueusement.

Zone interdite

Madame, Monsieur,

Pour votre gouverne personnelle, la période des vacances de printemps est divisée en trois zones, et nous appartenons à la deuxième.

La prochaine fois, je vous invite à vérifier les dates sur le site officiel de notre collège ou sur celui du ministère de l'Éducation nationale plutôt que de croire votre rejeton.

Cela lui évitera de s'absenter une semaine complète.

Respectueusement.

Les promesses n'engagent que ceux qui y croient

Madame,

Vous vous plaignez de ce que votre enfant va – encore – rater des heures de cours.

Mais vous avez sans doute compris que le ministre tient absolument à ce que sa réforme soit rapidement effective. Raison pour laquelle il a promis une formation accélérée et approfondie pour tous les professeurs dès cette année scolaire.

J'ai appris qu'il avait également assuré aux fédérations de parents d'élèves que ces journées de formation ne perturberaient pas le fonctionnement des collèges. En aviez-vous déduit que les enseignants suivraient leurs stages en juillet et en août ? Ignoriez-vous donc que tous les personnels de l'Éducation nationale portent un badge « Touche pas à mes vacances » ?

Évidemment que votre enfant aura de nombreuses heures de cours en moins !

Respectueusement.

C'est comme vous voulez...

Madame,

Vous demandez une 2de générale pour votre fils, actuellement en 3e.

Euh... Comment vous dire ?... Votre rêve de le voir devenir ingénieur me paraît légèrement compromis...

Je vous rappelle que Loïc n'est passé en 6e « normale » que parce qu'il n'y avait plus de place en établissement spécialisé... Et, je vous le répète depuis quatre ans, ses notes, correctes certes, correspondent à un niveau CE1/CE2. Les professeurs, bienveillants, comme on le leur a demandé, « adaptent » en effet leurs enseignements et leurs évaluations pour Loïc, qui sait tout juste lire.

Cela dit, au point où on en est... Et puis, ça va améliorer mes statistiques...

Respectueusement.

Panne d'inspiration

Madame,

Non, ce n'était pas une erreur de notre part : vous deviez bien signer la feuille vierge que votre fils vous a présentée hier.

L'étourdi a simplement oublié de vous donner des précisions : il s'agit de la copie blanche qu'il a rendue à l'issue de l'épreuve de mathématiques du brevet blanc.

Respectueusement.

Histoire de H

Madame, Monsieur,

Mon petit doigt me dit que votre grand gaillard de 15 ans vous a fait une petite blagounette.

Ne lui en voulez pas, c'est de son âge ! Votre joyeux drille aime plaisanter, c'est tout !

Mais contrairement à ce qu'il vous a raconté, je vous assure avec fermeté que la barrette de haschich que vous avez trouvée dans son sac n'a pas été distribuée par le collège « à titre préventif, dans le cadre de la lutte contre les toxicomanies ».

Respectueusement.

Second degré

Monsieur,

Ce soir, à la sortie du collège, vous auriez dû demander des explications à notre surveillant plutôt que de le pousser violemment à terre.

Il aurait alors levé toute ambiguïté : lorsqu'il a dit à votre fille que sa maman était « trop bonne », il parlait tout simplement de son indulgence et de son empathie naturelle, pas du tout de son physique !

Respectueusement.

....

Grand délinquant

Madame,

Ne vous affolez pas.

L'avertissement de votre fils est porté dans son *dossier scolaire*.

Et non pas, comme vous le croyez, dans son *casier judiciaire*.

Respectueusement.

Pompier pyromane

Madame,

Vous vous rappelez, le mois dernier ? Un soir, votre fils avait retrouvé le portable que sa professeure de physique avait perdu et l'avait rapporté chez vous. Vous aviez découvert le téléphone dans le sac de Ludovic, par hasard, en cherchant son carnet de liaison. Il avait rendu l'appareil le lendemain et avait reçu de son enseignante une place de cinéma en remerciement. A-t-il passé une bonne soirée au multiplex ?

J'ai le regret de vous informer que, depuis, les langues se sont déliées : votre fils avait lui-même subtilisé l'objet dans le sac de sa professeure.

Comment faisons-nous, pour la récompense ?

Respectueusement.

Mascotte

Madame,

Je vous prie de bien vouloir venir immédiatement au collège afin d'y récupérer le lapin de votre fille. Elle n'a pas le droit de passer les épreuves du brevet avec, même si la boule de poils est silencieuse, et même si c'est son « porte-bonheur »...

Respectueusement.

12.

J'aime vos rapports à l'école

Gavroche

Madame, Monsieur,

Vous avez « oublié » la date de la rentrée.

Ce n'est guère surprenant puisqu'en juin vous aviez déjà « oublié » d'inscrire votre enfant en 6e. Je ne vous en veux pas car, chômeurs tous les deux, je vous sais débordés, sans la moindre minute à consacrer à votre fils.

Mais, en ce triste matin de fin septembre, lorsque je l'ai vu, seul, perdu, les larmes aux yeux, trempé de la tête aux pieds, entrer au secrétariat avec son dossier d'inscription – vide, hormis la demande de bourse et la demande de fonds sociaux –, s'excusant mille et mille fois pour les tracas qu'il – lui ? – nous causait, je vous avoue avoir ressenti une puissante bouffée de haine à votre égard.

Respectueusement.

....

Nécessité fait loi

Madame, Monsieur,

Vous êtes tous les deux professeurs dans le public. Vous connaissez aussi bien que moi « la maison », ce n'est donc pas la peine que j'essaie de vous faire prendre des vessies pour des lanternes.

C'est pourquoi, lorsque vous m'avez dit qu'après un mois d'essai dans notre établissement, « parce que quand même, on avait des scrupules », vous aviez décidé de mettre votre enfant dans le privé, je n'ai rien trouvé à répondre à votre argument : « On sait bien que dans votre collège, vous êtes obligé d'accueillir tout le monde, y compris et surtout ceux qui empêchent notre fille de travailler ! »

Eh oui ! Le privé prive le public de son meilleur public...

Respectueusement.

Anagramme art – rat

Madame,

Et si vous utilisiez plutôt, par exemple, les journaux publicitaires que vous recevez dans votre boîte aux lettres ?

Car, ce matin, votre enfant était bien malheureux que vous lui ayez subtilisé l'œuvre picturale sur papier Canson® qu'il devait rendre à son professeur d'arts plastiques et sur laquelle il avait travaillé plusieurs heures.

Surtout pour la mettre au fond de la cage de votre rat domestique.

Respectueusement.

Pointeuse

Monsieur,

Vous notez scrupuleusement toutes les absences des professeurs de votre enfant à la fin de son carnet de liaison. Aujourd'hui, j'aurais une faveur exceptionnelle à vous demander. Accepteriez-vous d'excuser celle de son professeur d'anglais ? Montrez-vous magnanime, ce n'est qu'une journée !

C'est le minimum, pour enterrer sa mère à 500 kilomètres, non ?

Respectueusement.

RRR... zzz...

Monsieur,

Youhou ! C'est votre tour !

Vous attendez sagement depuis une heure, bras croisés, jambes tendues, tête baissée, assis sur une chaise. Oui, c'est vrai, le professeur principal chargé de remettre les bulletins trimestriels a pris un peu de retard. Mais maintenant, ça y est, il est disponible...

C'est bon, réveillez-vous !

Respectueusement.

Look

Madame,

J'ai bien intégré le fait que nous ne pouvions nous rencontrer le matin. Vos obligations *ante meridiem* – récupération physique et intellectuelle de la soirée arrosée de la veille – vous en empêchent.

C'est pourquoi je vous avais conviée cet après-midi. Hélas, sans doute parce que le sujet de notre entretien était relativement insignifiant – l'orientation de votre fille –, vous m'avez encore posé un lapin.

Mais, cette fois-ci, je ne vous en tiens nullement rigueur ! Laura m'a expliqué pourquoi et je comprends tout à fait qu'en cette première journée ensoleillée de printemps vous ayez préféré commencer à travailler votre première couche de bronzage dans votre jardin.

Respectueusement.

Charentaise

Madame,

Bienvenue à la réunion parents-professeurs.
Euh... C'est volontaire, les chaussons à vos pieds ?

Respectueusement.

....

Ankou

Madame,

Votre mari, en proie à de gros soucis à son travail, s'est tailladé les veines. Il est à l'hôpital, en réanimation.

Vous m'avez appelé pour me demander de prévenir votre enfant.

Il est en contrôle de maths. Je ne vous garantis pas sa réaction, madame.

Respectueusement.

Viva España !

Monsieur,

Vous avez activement participé à la réunion conviviale post-voyage en Catalogne organisée au collège par les professeurs d'espagnol.

Film, anecdotes, tapas… et huit litres de sangria.

Rassurez-moi : vous n'avez quand même pas pris le volant pour rentrer chez vous ?

Respectueusement.

Guetteur

Madame,

Tel est vu qui croyait voir !

Avez-vous donc si peu confiance en votre enfant, ses camarades et/ou les surveillants pour, chaque matin, scruter depuis votre voiture l'entrée du collège, à travers des jumelles ?

Respectueusement.

Procédurier

Monsieur,

Hier 25 mai, pour la première fois depuis le début de l'année, un professeur a mis une petite croix dans la case « attitude » du tableau de la page 34 du carnet de liaison de votre enfant, lequel avait bavardé en cours. Sachez que cette croix, dont 99 collégiens sur 100 se moquent éperdument – peut-être à raison –, n'entraîne aucune conséquence.

Aussi, je crains que le policier qui enregistrera la plainte que vous menacez de déposer pour « dénonciation calomnieuse ayant entraîné un traumatisme psychologique » n'accorde pas à vos propos toute l'attention que vous semblez attendre...

Respectueusement.

Réinsertion

Monsieur,

J'ai bien reçu votre candidature au poste d'assistant d'éducation dans notre collège mais je suis au regret de ne pouvoir y donner une suite favorable.

D'abord, parce que vos enfants y sont scolarisés, mais aussi, et surtout, parce que votre casier judiciaire n'est plus – du tout – vierge.

Respectueusement.

Laxisme coupable

Monsieur,

Lorsque je vous ai téléphoné pour vous signaler que votre fils s'était à nouveau battu, vous avez aussitôt réagi : « Quoi ?... Encore ! Alors là, je ne suis pas du tout content ! Il va falloir que ça s'arrête parce que sinon... »

J'ai naïvement cru que vous alliez sanctionner votre progéniture belliqueuse. Mais vous m'avez aussitôt ramené à la réalité : « Mais, bon sang, vous ne pouvez pas un peu mieux les surveiller, vos élèves ! »

Respectueusement.

Bon grain et ivraie

Madame,

Vos deux filles sont scolarisées dans notre collège : Nadia, en 4e, compte parmi nos éléments les plus pénibles de l'établissement, tandis que Fatiha, en 6e, est une élève modèle.

Vous êtes venue me signifier que, l'année prochaine, seule votre aînée continuera de fréquenter notre collège puisque vous venez d'inscrire votre cadette dans le privé. Vous vous êtes justifiée : « Parce que, comme ça, elle pourra mieux travailler : ils sont plus sérieux, là-bas, vous savez bien ! »

Tant mieux pour eux, tant pis pour nous !

Respectueusement.

RIP

Madame, Monsieur,

Ce matin, votre adorable petit Bout de Zan était absent.

Comme vous n'avez pas prévenu le collège, la vie scolaire vous a appelés pour vous en informer.

Je ne trouve pas d'adjectif pour qualifier cette gaffe et suis infiniment désolé.

Madame, monsieur, je vous présente mes plus sincères condoléances.

Respectueusement.

13.
J'aime vos principes éducatifs

Petit commerce

Madame,

Vous défendez votre fille en m'expliquant qu'elle a dû chaparder ça à son grand frère. Qu'à votre connaissance, c'est la première fois.

Comme vous m'appréciez – je le vois bien –, vous ne voulez pas me contrarier et me promettez donc de gronder Émilie. Car même si vous ne comprenez pas bien pourquoi, vous sentez que j'attache de l'importance à cette vétille.

Après tout, peut-être avez-vous raison, je suis sans doute un peu dépassé...

Mais je ne peux m'empêcher d'être choqué qu'une élève de 5e vende du cannabis à sa voisine pendant le cours d'anglais...

Respectueusement.

Un bon petit diable

Monsieur,

Vous m'avez pudiquement avoué hier « vous faire déborder » par votre petit dernier.

Vos paroles laudatives sur mon autorité naturelle, vos remerciements concernant la manière dont

« j'éduque » les élèves au collège et votre admiration quant au fait que je parviens à ne pas céder me gênent toutefois un peu.

Allons, monsieur, ne désespérez pas, rien n'est encore perdu ! Après tout, votre enfant n'est qu'en maternelle...

Respectueusement.

Autorité occulte

Madame, Monsieur,

Après le passage de votre fils en commission éducative suite à ses actes de violence, vous l'avez retiré du collège pour l'emmener en vacances une semaine plus tôt que la date officielle. Il en est d'ailleurs revenu avec une semaine de retard.

Aujourd'hui qu'il vient d'être exclu pour avoir à nouveau agressé des camarades, je maintiens mes dires : votre fils aurait besoin de voir un psychologue.

Même si le marabout que vous avez consulté lors de votre séjour au pays vous a affirmé le contraire.

Respectueusement.

Méthode forte

Madame,

Je vous le dis tout net : je n'approuve pas vos méthodes.

Si, lors de notre entretien, vous aviez donné une claque à votre fils qui nous mène la vie dure, j'aurais – à la limite – pu le comprendre.

Mais votre mari, madame, il ne vous avait rien fait !

Respectueusement.

Mamma mia !

Madame,

Je vous ai entendue, alors que vous attendiez votre tour pour la remise du bulletin de votre fils Arthur, qui est en 5e.

Pourtant, loin d'être un premier prix de beauté, vous hurliez sur votre fille cadette, assise sur vos genoux : « Cache-toi, t'es pas belle ! » « Ouh que t'es laide ! » « T'es laide comme un pou quand tu pleures ! » « T'as pas honte ? Tout le monde voit comme tu es laide ! »

Puis, entre deux claques : « Maman, c'est pas papa, alors ferme-la ! » « T'iras pas au manège ! » « T'auras pas de cadeau à ton anniversaire ! » « Regarde les autres, ils sont sages ! » « Tu vas voir, quand tu seras au collège, ça sera pas la même musique ! » « Tu veux que j'appelle le directeur ? Lui, il va t'calmer ! » « Les profs, ils t'ont déjà repérée ! » Etc.

Si, dans une petite dizaine d'années, votre fille manque d'assurance au collège et a des accès de violence, je pense pouvoir affirmer que ce ne sera pas uniquement la faute de ses professeurs.

Respectueusement.

Carotte et bâton

Monsieur,

Votre fils, qui avait traité son professeur de « fils de pute », a effectivement bien effectué ses heures de colle, contrairement aux autres fois.

Je ne suis pas persuadé pour autant qu'il fallait, pour le récompenser d'avoir exécuté sa punition, lui acheter un iPad.

Mais bon. Vous êtes son père, vous savez mieux que moi ce qui est bon pour lui.

Respectueusement.

Gandhi

Monsieur,

C'est décidé, je n'exclurai plus votre enfant à l'avenir, même s'il continue à insulter ses professeurs et à se battre avec ses camarades. Nous réglerons désormais nos problèmes en interne, sereinement, dans mon bureau.

Une visite aux urgences de l'hôpital suite à la « correction » que vous lui avez donnée pour avoir été exclu une journée, c'est trop cher payé à mon goût.

Respectueusement.

Protocole

Madame, Monsieur,

Vous pouvez féliciter votre enfant pour son obéissance : il a parfaitement suivi vos consignes.

À la sortie du collège, lorsqu'il s'est fait traiter de « petite bite » par un camarade, il a gardé son calme, comme vous le lui aviez conseillé. Il a posé tranquillement son sac à dos, l'a ouvert, a sorti un mode d'emploi qu'il a consciencieusement lu puis s'est emparé du cadeau que vous lui aviez acheté. Il a ensuite copieusement aspergé de gaz lacrymogène le visage de son dangereux agresseur de 11 ans.

Je tenais à vous donner des nouvelles : l'hôpital a appelé, tout va bien désormais.

Respectueusement.

Carton rouge

Monsieur,

Hier, lorsque je vous ai convoqué parce que votre fils avait commis une bêtise, j'attendais que vous le grondiez, certes. Mais pas que vous lui fassiez une « fourchette » en direct, tel un 2e ligne de rugby au sein d'une mêlée.

Vous n'êtes vraisemblablement pas très adroit et, sauf votre respect, vous ne maîtrisez pas le geste...

Car, aujourd'hui, notre collégien a le blanc des yeux encore tout injecté de sang.

Respectueusement.

Ras le bol

Monsieur,

Je parie que votre fils s'est encore mal comporté à la maison.

Vous confirmez ?... *Yes !* Encore gagné !

Remarquez, je n'ai pas grand mérite à l'avoir deviné puisque vous lui tondez entièrement le crâne à chaque fois qu'il défie votre autorité...

Respectueusement.

....

Retour vers le passé

Monsieur,

À 17 heures, votre petite Faouza, adorable élève de 5e, a voulu prolonger de quelques secondes son temps de liberté en ne mettant pas immédiatement son voile une fois le portail du collège franchi.

Vous vous êtes précipité sur elle et l'avez secouée comme un prunier, devant des dizaines d'élèves et de parents.

Monsieur, puisse votre fille devenir un jour, comme elle le souhaite, un brillant chirurgien et vous renvoyer à votre obscurantisme.

Respectueusement.

Self-control

Monsieur,

Vous êtes sans doute un dur à cuire ; à votre âge, on en a vu d'autres. Mais votre petite, elle, n'a que 11 ans !

Hier, vous vous êtes présenté au collège et avez demandé qu'on aille chercher votre fille de 6e en cours. Lorsque vous lui avez annoncé la mort de son oncle, qu'elle a éclaté en sanglots en s'écroulant par terre et qu'elle a refusé de bouger, vous auriez peut-être pu user d'un peu plus de psychologie.

Car vous l'avez relevée par le col, fermement, et l'avez traînée dehors en lui faisant la leçon : « Ça va la comédie ! Moi aussi, j'ai du chagrin ! Et je ne me donne pas en spectacle ! »

Respectueusement.

Mise au poing

Monsieur,

Je suis inquiet pour votre fils : il souffre d'amnésie.

Ce matin, il a été incapable de se rappeler comment, précisément, il s'était fait ce cocard à l'œil, pourquoi il avait la pommette tuméfiée et la lèvre boursouflée. Tout juste se souvenait-il d'être « tombé tout seul », comme il nous l'a répété.

Vous qui êtes son père, connaissez-vous les circonstances exactes de sa chute ? Je vous donne un indice : sur sa joue, on distingue nettement des traces de phalanges...

Respectueusement.

Rototo

Madame,

Chacun élève ses enfants comme il l'entend, naturellement, mais je vous ai trouvée un peu dure envers votre pitchounette qui vient d'entrer en 6e.

Lorsque nous vous avons appelée parce qu'elle avait vomi toutes les tripes de son corps en classe, votre réponse a été lapidaire : « J'peux pas venir la chercher, j'ai autre chose à faire. D'habitude, elle ne mange pas le matin, mais là, elle a voulu prendre un petit déjeuner, alors c'est son problème. »

Respectueusement.

Sadique

Monsieur,

Je refuse d'être votre complice. Cessez donc de me raconter fièrement vos exploits en matière d'éducation parentale. Je vous informe par ailleurs que j'ai encouragé votre enfant à appeler le 119 depuis le collège, s'il le souhaitait.

Sachez en effet que je ne cautionne pas du tout vos punitions. Ni les centaines de pompes que vous avez ordonnées à votre fils d'effectuer suite à son heure de retenue, ni le piment dont vous lui avez badigeonné les yeux lorsqu'il a eu une mauvaise note en français.

Respectueusement.

Heureuse mamie

Madame,

Vous savez quand je me suis dit que ce n'était pas gagné ?

Lorsque, à l'issue d'une réunion explicative sur le nouveau livret de compétences à destination des parents d'élèves de 3e, vous m'avez pris à part pour me dire : « Vous savez, monsieur Romain, les compétences, on n'en a rien à foutre, parce que ma fille est enceinte ! »

Respectueusement.

14.

J'aime votre investissement au quotidien

Cachotterie

Madame,

Aujourd'hui 10 mars, vous m'avez appelé au sujet d'un incident qui aurait opposé votre fils à un camarade le mois dernier.

Cela ne me disait rien. Afin de m'aiguiller, je vous ai demandé sa classe. Vous avez été incapable de me répondre. Et pour cause ! Je me suis soudain rappelé que, conformément à votre souhait, votre enfant avait quitté notre collège à la fin de l'année scolaire dernière !

Vous vous êtes alors écriée : « C'est dingue, on ne me dit rien, à moi ! »

Madame, je ne peux que vous conseiller de consommer davantage de produits de la mer : ils sont bourrés de phosphore, c'est bon pour la mémoire !

Respectueusement.

Sens dessus dessous

Madame, Monsieur,

Cela fait une semaine que je demande à votre fils de mettre un autre pantalon afin que, conformément au règlement intérieur du collège, celui-ci cache ses sous-vêtements.

Pourriez-vous lui suggérer qu'il en profite pour changer de caleçon ?

Respectueusement.

………………………………………………………………

Do not disturb

Madame, Monsieur,

En cette fin du mois de juin, je vous fais part d'un menu problème : vous n'avez toujours pas complété la fiche d'orientation de votre enfant et la date limite pour les affectations dans les lycées professionnels est largement dépassée.

Si vous ne vous signalez pas dans les prochains jours, votre fils se retrouvera dans la nature à la rentrée prochaine, car les inscriptions seront closes. Je sais que, jusqu'à samedi dernier, vous étiez très occupés puisque vous prépariez (deuxième fois pour vous, madame, troisième fois pour vous, monsieur) votre mariage. Mais maintenant ? Il s'agit quand même de l'avenir de votre enfant !... Comment ?... Ah ! Vous êtes partis en voyage de noces pour un mois ! Désolé de vous avoir dérangés...

Bonne lune de miel !

Respectueusement.

Grasses matinées

Madame, Monsieur,

Savez-vous que votre enfant est sincèrement désolé d'arriver régulièrement en retard au collège ? Que, pour limiter les dégâts, il ne prend pas de petit déjeuner ?

Cela nous fait pitié parce que c'est un bon petit gars qui, je l'ai bien deviné, participe plus souvent qu'à son tour aux tâches ménagères.

Nous ne le punissons pas car nous savons qu'il a des circonstances atténuantes : chez vous, le matin, il n'a le droit ni de mettre son réveil ni d'allumer la lumière…

Remarquez, je vous comprends. Moi non plus, je n'aime pas être réveillé quand je dors.

Respectueusement.

Cordon ombilical

Madame,

Chaque matin, vous accompagnez votre fils jusqu'au portail du collège – vous n'avez pas le droit d'aller plus loin –, puis vous lui faites un gros bisou, quelques papouilles, et vous lui remontez sa fermeture éclair afin qu'il n'attrape pas froid. Enfin, vous lui faites promettre d'être sage et de bien écouter en classe, puis vous restez là, à agiter la main jusqu'à ce qu'il ait disparu.

À la fin des cours, vous vous précipitez vers lui, vous l'enserrez dans vos bras, vous lui ébouriffez les cheveux, vous l'embrassez comme du bon pain et vous portez son sac pour ménager sa colonne vertébrale, sous les regards vaguement moqueurs de ses petits camarades.

Le temps passe, madame : votre enfant a plus de 15 ans et déjà des poils au menton !

Respectueusement.

Sécurité routière

Monsieur,

Vous exigez l'installation d'une « mini-station de gonflage » dans notre local à deux-roues. D'après vous, je serais « juridiquement responsable » si un élève quittait le collège à vélo, pneus dégonflés, et avait un accident.

Ce matin, j'ai discrètement fait le tour du VTT de votre fils. Passons sur l'absence de catadioptre, de feu avant, de feu arrière et d'avertisseur sonore.

Mais le frein avant, quand même !

Respectueusement.

Très zentille

Madame,

Que je complète votre demande de bourse parce que « vous n'avez pas le temps », j'y suis habitué. Votre enfant est adorable, et je le fais pour lui.

Que vous partiez en vacances en laissant votre progéniture se débrouiller seule à la maison, bon... *No comment*, même si je n'en pense pas moins.

Mais là où je trouve que vous exagérez – je sais, ce n'est pas bien d'être jaloux –, c'est que, lorsque je vous ai appelée hier car j'avais besoin de renseignements personnels vous concernant, vous m'avez rétorqué le plus naturellement du monde : « Excusez-moi, je vous entends mal ! Devinez d'où je vous réponds ?!... De la plage, en Guadeloupe ! »

Respectueusement.

Boudeur

Madame,

Votre enfant, enfermé dans les toilettes, refuse d'en sortir. Mais qu'y puis-je ? Je ne vais quand même pas me déplacer chez vous pour l'obliger à venir au collège !

Respectueusement.

Fléau

Monsieur,

Votre fils vous a été retiré. Il a été placé dans un foyer.

Comme il a l'autorisation de sortir, il traîne chaque soir jusqu'à 2 heures du matin, dans des endroits peu adaptés à son âge, avec des individus qui ne doivent pas vivre que du fruit de leur labeur officiel quotidien.

C'est vous, le père désavoué, qui vous lancez régulièrement à sa recherche et le ramenez au foyer – le sien, pas le vôtre. Ce qui ne vous met pas dans les meilleures conditions pour votre journée de travail du lendemain.

Je suis comme vous, monsieur, je ne comprends pas trop la logique de la mesure...

Respectueusement.

15. J'aime votre manière d'être parents

Les petits cadeaux entretiennent l'amitié

Madame, Monsieur,

Sans doute reviviez-vous votre jeunesse rebelle de punks en coiffant votre fils à l'iroquoise, cheveux ras et crête cartonnée de gel.

Hélas, les modes évoluent, et votre enfant subissait les moqueries de ses camarades – souvent –, et de son professeur principal – une fois, même s'il n'aurait pas dû. Vexés, vous avez alors joué de la tondeuse. Ce matin, Morgan est donc arrivé au collège le crâne entièrement rasé. Il a offert un joli sachet enrubanné à son professeur. Ce dernier, impatient d'en découvrir le contenu, a vite dénoué le bolduc puis ouvert son cadeau. Surprise : les cheveux de votre fils !

L'enseignant vous adresse ses plus vifs remerciements – et Morgan aussi, j'imagine...

Respectueusement.

Vendetta

Monsieur,

Votre femme est venue ce matin se plaindre d'un élève qui, hier, aurait racketté votre fils dans le tram. Je lui ai conseillé d'aller porter plainte.

Ce soir, votre aîné, 16 ans, a attendu le présumé coupable, 12 ans, à la sortie du collège et l'a durement châtié. Au téléphone, vous vous êtes vanté de « savoir régler vos comptes vous-même ». Vous m'avez expliqué que c'était un problème entre gamins, que vous ne supportiez pas la police, que vous connaissiez la justice, qu'elle se contenterait d'un énième rappel à la loi alors qu'au moins, avec votre méthode, ça passerait l'envie au racketteur de recommencer... Et qu'accessoirement, si j'avais correctement fait mon travail, j'aurais convoqué le jeune délinquant présumé dans mon bureau pour « lui en coller une bonne, sans témoin ». Ainsi, l'incident aurait été réglé.

Sachez que juste après la bagarre, les cousins du tabassé, trois individus d'une vingtaine d'années, sont venus ici. Apparemment, ils ont hâte d'en découdre... Avec des enfants ou des adultes, peu leur importe.

Vous avez peut-être encore un peu de famille à appeler à la rescousse, ou bien on s'arrête là ?...

Respectueusement.

Joyeux Noël !

Monsieur,

Depuis la rentrée de janvier, votre fille est bien morose et ses résultats scolaires aussi.

Au risque de me mêler de ce qui ne me regarde pas, je vous avoue ne pas avoir trouvé très judicieux le fait que vous ayez choisi la fin du repas de Noël pour annoncer à toute votre famille que vous partiez vivre chez votre maîtresse.

Mais bon. Je ne suis pas psy et je ne peux affirmer qu'il y ait la moindre relation de cause à effet...

Respectueusement.

Come on, baby !

Madame,

Il y a trois mois, durant les grands froids, vous avez hébergé à votre domicile un SDF pendant quelques nuits.

Vous êtes quelqu'un de très généreux, madame, et je me réjouis pour vous que cette bonté naturelle ait été justement récompensée.

Votre fille de 13 ans m'a en effet confié que votre invité vous avait offert le plus beau des cadeaux : un futur bébé.

Félicitations !

Respectueusement.

Tel père tel fils

Madame,

Ne dites rien. Laissez couler vos larmes...

Je vous entends renifler au téléphone... Pas la peine de vous torturer à me raconter une scène que vous avez maintes fois vécue et que vous m'avez maintes fois décrite...

Vous travaillez dix heures par jour pour élever – seule – votre enfant. Vous ne voulez toujours pas faire appel à l'assistante sociale car cela bouleverserait votre vie.

Vous allez donc – encore – pardonner. Je comprends votre décision, même si, personnellement, je pencherais plutôt pour un énorme coup de pied au cul. Que puis-je faire pour vous aider ?

Votre fils, élève en 4e, reproduisant le comportement de votre ancien mari, vous a encore frappée.

Respectueusement.

Esprit de famille

Monsieur,

Votre fils, dernier – provisoire, semble-t-il – d'une fratrie de dix, m'a confié n'avoir guère apprécié le cadeau surprise que vous avez rapporté de votre séjour de deux semaines au Sénégal : une nouvelle épouse et deux petits frères supplémentaires. Ce que les enfants sont ingrats !

Permettez-moi un conseil, pour la prochaine fois : et si vous essayiez avec des petites sœurs ?...

Respectueusement.

Enfant roi

Monsieur,

Lorsque je vous ai appelé pour vous signaler les multiples absences de votre fille, je vous avoue avoir été quelque peu décontenancé par vos paroles : « Oui ?... Ne quittez pas, je vous la passe, elle est au lit. Elle refuse d'aller au collège, cette fainéante !... Dites-lui, vous, parce que moi, elle ne m'écoute pas !... Sandy ! C'est M. Romain !... Descends, s'te plaît ! »

Je vous prie de bien vouloir m'excuser de ne pas avoir été suffisamment convaincant au téléphone. Honte à moi.

Votre fille m'a raccroché au nez.

Respectueusement.

Amour maternel

Madame,

Vous sortez de mon bureau.

Brushing impeccable, maquillage discret, visage impassible, vêtements de marque, parfum subtil, escarpins luxueux et démarche décidée… Je me doute que vous consacrez beaucoup d'énergie à votre travail et vous remercie d'avoir trouvé le temps de venir.

Durant notre entretien, vous m'avez dit, mot pour mot, que vous haïssiez votre fils, que vous n'en vouliez plus à la maison, qu'il ressemblait trop à votre ex-mari et que vous aviez envie de le tuer.

Je mets cela sur le coup de la colère, madame, et vous conseille de vous coucher tôt ce soir, après une bonne infusion de camomille.

Respectueusement.

Génétique

Madame,

Vous souhaitez inscrire votre aîné en SEGPA*.

Un de ses petits frères est en Clis**. Un autre, au CE2, ne sait toujours pas lire. Une petite sœur, en maternelle, est en grande difficulté.

Vous transportez un bébé dans une poussette et j'ai vu que vous étiez enceinte. Votre mari et vous-même êtes sans emploi.

Alors, euh... Bon courage, madame.

Respectueusement.

Psychorigide

Madame,

Hier, les professeurs étaient en grève. Jusque-là, rien que de très normal.

Vous connaissiez à l'avance le nom des absents. Pourtant, et bien que vous soyez mère au foyer, vous avez exigé de votre fille qu'elle prenne le car scolaire à 7 heures.

Elle est rentrée chez vous à 18 heures. Une journée de onze heures, avec pause méridienne casse-croûte (il n'y avait pas de self), pour... zéro heure de cours.

* Section d'enseignement général et professionnel adapté.

** Classe pour l'inclusion scolaire.

Madame, avez-vous pris cette décision :
Réponse A : par principe ?
Réponse B : pour punir Yaëlle ?
Réponse C : pour m'embêter ?
Réponse D : par pure bêtise ?
(Plusieurs réponses sont possibles.)

Respectueusement.

Autoritarisme

Monsieur,

Lorsque je vous ai téléphoné pour vous annoncer que votre fils de 13 ans séchait encore, vous avez craqué.

Vous m'avez alors dit que vous avez peur de lui, qu'il vous menace de porter plainte contre vous si vous l'empêchez de faire quoi que ce soit. Et comme vous ne voulez pas que l'on vous retire vos enfants, vous cédez à chaque fois.

Mais, hier, vous l'avez vu traîner plus tard que d'habitude et boire encore plus. Vous vous êtes alors résolu à aller au commissariat déposer une main courante contre lui.

Si je peux vous aider, monsieur...

Respectueusement.

Reporter sans frontières

Monsieur,

Que vous ne vous soyez pas interposé lors du « différend » qui a opposé plusieurs de nos gaillards de 3e devant le collège, je le comprends : la rixe était impressionnante.

J'espère qu'à votre tour vous me comprendrez : je vous demande, s'il vous plaît, de bien vouloir respecter mon droit à l'image, quel que soit par ailleurs votre talent de cinéaste amateur.

En effet, je ne souhaite pas que mon intervention, immortalisée grâce au portable que vous teniez à bout de bras, se retrouve sur les réseaux sociaux.

Respectueusement.

Réussir sa vie...

Monsieur,

Vous avez fait de brillantes études et êtes aujourd'hui un chef d'entreprise prospère. Vous vivez avec une femme mannequin sublime. Vous habitez une vaste demeure, roulez en grosse voiture et pratiquez le golf chaque week-end.

Au conseil de classe des 3e C, où vous siégez, vous avez traité votre propre fils de « fainéant », et de « petit con ». Vous nous avez avoué être soulagé qu'il vive chez votre ex-femme.

Sincèrement, monsieur, non seulement je ne vous envie pas, mais je vous plains. Je me demande même si je ne vous méprise pas un peu...

Respectueusement.

En goguette

Madame,

Divorcée, vous élevez seule vos enfants, tous les trois scolarisés au collège.

Vous m'apprenez à l'instant par téléphone que vous partez vivre à l'étranger, avec le nouvel amour de votre vie. Et que votre avion part dans une heure.

Merci de me préciser ce que je dois dire à vos bambins, qui sont actuellement en cours...

Respectueusement.

Piston

Madame,

Je vais vous paraître psychorigide, et ma décision va m'attirer des ennuis en salle des professeurs, mais tant pis.

Je maintiens mon refus d'accorder le traitement de faveur que vous me demandez pour votre enfant colérique, élève en 5e. Et votre principal argument – vous êtes la maîtresse quasi officielle d'un enseignant du collège – n'y changera rien.

Respectueusement.

Aux âmes bien nées…

Madame,

Félicitations ! Vous allez bientôt être de nouveau grand-mère !

Votre aînée, notre ancienne collégienne qui, à 15 ans, s'était retrouvée enceinte du fils de votre concubin, est en effet aujourd'hui maman pour la troisième fois.

Un beau cadeau pour ses 18 ans !

Respectueusement.

… la valeur n'attend point le nombre des années

Madame,

Ne vous en faites pas, tout est une question d'organisation.

Certes, Barbara redouble sa 3e. Certes, en juin dernier, elle ne s'était pas présentée aux épreuves du diplôme national du brevet. Mais c'était pour raison médicale.

Cette année enfin, grâce à vous, votre fille va pouvoir se consacrer à ses études puisque vous avez accepté de jouer la nounou pour le beau garçon dont elle a accouché début juillet.

À défaut de remerciements de sa part, recevez au moins ceux de l'Institution.

Respectueusement.

Clone

Madame,

Votre fille, en 3e, est arrivée au collège ce matin maquillée outrageusement, en talons hauts, minijupe – vraiment mini – et tee-shirt suffisamment court et transparent pour laisser voir le piercing de son nombril et l'absence de soutien-gorge.

Je vous ai appelée. Vous avez débarqué dans mon bureau un quart d'heure plus tard... maquillée outrageusement, en talons hauts, minijupe – vraiment mini – et tee-shirt suffisamment court et transparent pour laisser voir le piercing de votre nombril et l'absence de soutien-gorge.

Désolé de vous avoir dérangée pour rien, madame...

Respectueusement.

Chiffonniers

Madame, Monsieur,

Je n'irai pas par quatre chemins : le spectacle que vous avez donné hier à la sortie des cours était pitoyable.

Heureusement que votre fils, petit bonhomme en larmes, tremblant de peur, est venu trouver asile dans mon bureau pendant cette scène lamentable.

Ainsi, même s'il a vu son papa – vous, monsieur, qui vouliez l'emmener de force chez vous – se battre devant le collège avec son beau-père, il n'a peut-être pas entendu sa maman – vous, madame – hurler pour encourager son amant d'un très poétique : « Vas-y ! Tue-le, ce gros connard ! »

Respectueusement.

39 19

Madame,

Bienvenue dans mon bureau.

Ne pleurez pas. Ne me remerciez pas : je ne sais pas si c'était mon travail de principal, en tout cas, c'était mon devoir d'homme.

Vous ne baissez plus la tête en me parlant et vous me regardez en face. Vous avez recouvré votre liberté, votre dignité. Vos beaux yeux si clairs sont encore teintés de scrupules. Pas les miens : je suis plutôt fier et soulagé de vous avoir convaincue de porter plainte. Le salaud qui vous a fendu la lèvre et tuméfié la pommette doit être puni par la loi.

Même si c'est le père de votre enfant.

Respectueusement.

Règlement de comptes à OK Corral

Monsieur,

Soyez raisonnable, rentrez chez vous !

Vous allez rater votre feuilleton préféré et votre présence est désormais inutile : votre ex-femme, maman d'un de nos élèves, s'était effectivement réfugiée dans mon bureau, mais elle vient de sortir discrètement du bâtiment par les cuisines, sous escorte policière.

Cela fait plus d'une heure que vous l'attendez devant le collège avec un couteau.

C'est un mauvais polar. Coupez !

Respectueusement.

Kleptomane

Monsieur,

En ce jour de rentrée, comme tous les parents de nos nouveaux petits 6es, vous avez été invité à déjeuner au self du collège avec votre enfant.

Auriez-vous l'amabilité de nous restituer la fourchette, le couteau et la petite cuiller – tous en inox zéro carat – que je vous ai vu glisser subrepticement dans votre poche lorsque vous rendiez votre plateau ?

Propres, si possible...

Respectueusement.

Seconde jeunesse

Madame,

J'ai regardé avec attention le clip de rap de votre aîné, élève de 4e, sur les réseaux sociaux.

Certes, les textes sont encore loin de Victor Hugo – mais votre fils le connaît-il seulement ? –, la musique – enfin, je me comprends –, loin de Mozart, et les images, loin de Truffaut. En revanche, la chorégraphie a été particulièrement travaillée, cela se sent...

Mais que faisiez-vous donc là ?! Car je vous ai reconnue, madame, en train de vous déhancher, presque topless, exagérément lascive, au milieu d'adolescentes qui avaient l'âge de votre fils !

Il est plus que temps de vous lancer dans une carrière de danseuse !

Respectueusement.

Ckikikomandici ?

Madame, Monsieur,

Il va bien falloir vous décider.

Votre fille, en garde alternée, est en 3e. Il vous faut compléter la « fiche dialogue » concernant son orientation. Je comprends que cette situation exacerbe votre profond désir d'affirmer chacun votre leadership et je devine que vous faites tous les deux partie des personnalités « dominantes ». Madame, vous exigez qu'elle passe au lycée tandis que vous, monsieur, me sommez de la faire redoubler.

Excusez-moi de me mêler de ce qui ne me regarde pas, mais j'ai une idée – un peu loufoque, je l'admets : et si vous lui demandiez son avis ?

Respectueusement.

C'est de la bonne !

Monsieur,

Je vous le dis entre nous, pour votre gouverne personnelle mais aussi parce que vous êtes le père, donc le responsable légal, d'un de nos élèves : la personne que vous avez apostrophée d'un amical « Salut, cousin ! » et à qui vous avez proposé du haschich devant le collège est un inspecteur de l'Éducation nationale.

Mais bon. *Business is business, isn't it ?*

Respectueusement.

Sobriquet

Madame,

Je ne vous ai jamais vue.

Je ne sais pas quels sont vos loisirs. Je ne connais ni votre métier ni vos activités extraprofessionnelles.

Je sais juste que vous êtes la maman d'un élève de 3e qui risque d'être un peu traumatisé s'il apprend un jour le surnom dont ses camarades de classe vous affublent, à savoir « Pompe à sperme ».

Respectueusement.

Malus

Monsieur,

Vous avez voulu prouver aux copines de votre fils qui traînaient devant l'entrée du collège que vous étiez un motard véloce et aguerri.

Hélas, les engins d'aujourd'hui ne sont plus les pétrolettes d'antan : votre démonstration de roue arrière s'est terminée sur le capot avant d'un véhicule garé un peu plus loin.

Je veux bien avertir sa propriétaire, mais je sais qu'elle ne sera pas disponible avant une demi-heure : actuellement, elle fait cours aux 4es B.

Respectueusement.

Motivé-e-s

Monsieur,

Je sais que cela part d'un bon sentiment et que vous souhaitez vous rendre utile mais, en toute franchise, ça ne me semble pas être une bonne idée.

Monsieur l'inspecteur d'académie n'y est pour rien, je vous assure ! Et puis, ne dérangez pas vos amis pour de telles futilités, ils ont sans doute mieux à faire...

Allez, j'oublie ce que vous m'avez dit : « Moi, si ça peut aider, je connais un tas de personnes qui seraient ravies de monter à l'inspection pour tout casser ! »

Respectueusement.

Objet trouvé

Madame, Monsieur,

N'avez-vous rien oublié tout à l'heure, au collège ?

Mais si, cherchez bien...

À la fin de la réunion parents-professeurs, j'ai en effet trouvé, sous l'escalier du bâtiment A, bien au chaud dans sa poussette, un bébé qui dormait du sommeil du juste.

Ne protestez pas, sa frimousse ressemble trait pour trait à celle de Guillaume, votre aîné qui est en 6e !

Respectueusement.

Alzheimer

Monsieur,

Vous m'avez sidéré.

Et pourtant, j'en ai vu d'autres : des qui ne connaissaient pas la date de la réunion parents-enseignants, des qui ignoraient le nom du professeur principal de leur fils, des qui ne savaient pas dans quelle classe était leur fille, et même des qui n'avaient aucune idée de l'endroit où se trouvait le collège.

Mais un papa qui avait oublié le prénom de son enfant, ça, jamais !

Respectueusement.

Gaston Lagaffe

Monsieur,

Lors de la réunion parents-professeurs de début d'année, à la vue des enseignantes de français, de mathématiques et d'arts plastiques – certes toutes très bien portantes –, vous avez glissé à mi-voix à votre voisin de gauche : « Oh, là ! Y a du lourd ! »

Je suppose que vous ignoriez que votre confident était le professeur de mathématiques de votre enfant… et le mari d'une de ces dames !

Respectueusement.

Addiction nocturne

Madame,

Vous me dites que, si votre fils est fatigué au collège, c'est à cause de ce jeu de console démoniaque.

Vous me demandez d'intervenir. Mais de quel droit ? Il est majeur !

Comment voulez-vous que je persuade votre mari d'arrêter d'entraîner votre enfant dans ses interminables parties, jusqu'à pas d'heure ?

Respectueusement.

....

Gourmet

Madame, Monsieur,

Pourriez-vous inverser vos semaines, s'il vous plaît ?

Je m'explique : votre enfant est en garde alternée. Quand il est chez vous, monsieur, Louis mange au self du collège. Quand il est chez vous, madame, Louis mange à la maison.

D'où sa tristesse : à chaque fois, il rate les frites !

Respectueusement.

Spécialisation apéritive

Madame,

Excusez-moi.

Lorsque j'ai découvert que votre fils avait apporté une bouteille de whisky au collège, et qu'il m'a dit que cette bouteille provenait de chez vous, j'ai un instant cru que vous lui laissiez libre accès à votre réserve personnelle.

Mais vous m'avez rassuré au téléphone : « Impossible, monsieur ! Chez nous, on n'a pas de whisky. On ne boit que du scotch ! »

Respectueusement.

Sarah Bernhardt et Louis Jouvet

Madame, Monsieur,

Hier soir, c'était le départ en voyage scolaire.

150 personnes rassemblées, élèves et parents. Public attentif, réceptif et enthousiaste. C'était une « première » très réussie, qui marquera longtemps les esprits. Les critiques vont être bonnes.

Le jeu était hyper-réaliste : du volume dans la gestuelle, des voix qui portaient, un texte parfaitement ciselé et maîtrisé.

À quand une tournée dans toute la France pour votre inénarrable scène de ménage ?

Respectueusement.

Vue sélective

Monsieur,

Vous êtes riche et beau. Votre femme commençait-elle à perdre de sa valeur, pour que vous l'échangiez contre une – beaucoup – plus jeune ? Ma foi, cela ne me regarde pas et si ça peut rassurer votre virilité...

Votre fille, comme tant d'autres, a donc désormais une mère la semaine et une belle-mère le week-end. Quant à vous, vous voilà écartelé entre votre rôle de père et celui d'amant...

Sachez, monsieur le vieux beau, que ce matin, votre petite est restée une heure à l'infirmerie du collège, à pleurer toutes les larmes de son corps. Car hier, alors que vous vous promeniez en ville en amoureux, votre conquête vous a en effet subitement fait changer de trottoir.

Elle avait aperçu votre fille. Vous regardiez en l'air, je suppose ?

Respectueusement.

Erreur sur la personne

Madame,

Stop ! Arrêtez !... Trop tard...

Le petit que vous venez de gifler parce qu'il avait embêté votre fille...

Eh bien, ce n'est pas le bon ! Lui, c'est son voisin de classe !

Respectueusement.

Bébé pilote

Monsieur,

Chaque matin, vous venez à moto avec votre fils, élève de 6e.

De vous deux, je ne sais qui en est le plus fier. Ce qui est sûr, c'est que vous ne passez pas inaperçus !

Grâce à vous, j'ai d'ailleurs appris une chose : il existe un programme de conduite accompagnée pour les deux-roues.

Eh bien, oui, puisque c'est votre Bout de Zan qui tient le guidon...

Respectueusement.

Mai 68

Monsieur,

Souffririez-vous d'un dédoublement de personnalité ?

Hier soir, Dr Jekyll, vous assistiez, papa débonnaire, au conseil de classe de votre cadet.

Ce matin, Mr Hyde, je vous vois, poussant une énorme poubelle et haranguant vos jeunes compagnons de combat, participer activement au blocage du lycée de votre aîné.

Que s'est-il donc passé cette nuit ?!

Respectueusement.

....

Thé dansant

Madame, Monsieur,

Je sais, le professeur principal a pris du retard dans ses rendez-vous. Et puis, comme vous le dites, vous ne faites de mal à personne. Il est vrai que la musique est entraînante et, je vous l'accorde, vous vous déhanchez fort gracieusement tous les deux.

Cependant auriez-vous l'amabilité de baisser un peu le son de votre iPhone et de ne pas prendre le couloir des salles de sciences pour une piste de danse ?

Respectueusement.

Dressage

Madame, Monsieur,

Je vous informe que votre fille m'a spontanément montré sa culotte et ses cuisses. Et ne saisissez pas ce prétexte pour m'accuser de quoi que ce soit.

Car si, de rage et de désespoir, les larmes aux yeux, elle a baissé son pantalon, c'était pour surmonter mon incrédulité et me montrer des zébrures en relief, encore rouges, de la largeur d'un ceinturon.

Respectueusement.

Plus c'est long...

Madame, Monsieur,

Je suis franchement désolé pour vous mais les agents de service n'ont fait qu'appliquer les consignes en fermant la porte des W.-C. des élèves à 19 heures.

Mes pauvres ! Une heure à patienter avant que je ne vous délivre, cela a dû vous paraître bien long !

Madame, un petit conseil pour qu'une telle mésaventure ne se reproduise plus : la prochaine fois, attendez votre mari dehors plutôt que de l'accompagner dans les toilettes des garçons...

Respectueusement.

Bed and breakfast

Madame,

Ce matin, vous avez oublié de réveiller votre fille.

Vous accordez beaucoup d'importance à l'équilibre alimentaire et au temps de sommeil. Soit.

Était-il pour autant indispensable d'autoriser Priscilla à venir en cours avec son oreiller, une briquette de lait, une cuiller, un bol et un paquet de céréales ?

Respectueusement.

Logorrhée épistolaire

Madame,

J'accuse réception de votre lettre.

L'écriture est vive, le ton est alerte. Incontestablement, vous êtes douée. Vous êtes de la trempe des Balzac, Chateaubriand, Dumas, Flaubert ou Proust. Peut-être la future Colette... Puis-je vous présenter à l'un de mes amis, éditeur ?

Car il n'est pas donné à tout le monde de parvenir à noircir 15 pages format A4 pour exprimer son mécontentement quant au collège de son enfant...

Respectueusement.

Primate

Monsieur,

Excusez-moi.

Lorsque vous avez fait irruption dans le hall, casquette à l'envers vissée sur le crâne, barbe de huit jours, cheveux gras coupe « nuque longue », rangers, bermuda et débardeur crasseux laissant dépasser votre ventre et votre abondante pilosité ; que vous avez éructé des borborygmes en bombant le torse, en moulinant des bras, en roulant des yeux et en vous dandinant d'un pied sur l'autre, tout cela afin de récupérer le portable qu'un professeur avait osé confisquer à votre fils au prétexte qu'il prenait des photos en cours et les diffusait sur Snapchat, j'ai eu du mal à dissimuler mon fou rire, déclenché par une vision soudaine.

Celle d'un gorille qui passe à l'attaque.

Respectueusement.

Reggae man

Monsieur,

Je ne sais pas si « c'est d'la bonne », mais ce serait dommage de gâcher.

Je vous informe donc que je garde dans mon bureau, soigneusement enveloppé, le mégot du joint que vous avez jeté hier soir devant la salle d'éducation musicale.

Respectueusement.

Erreur sur la personne

Monsieur,

Durant dix bonnes minutes, vous venez de plaider avec virulence la cause de votre fils, totalement innocent. Ali n'a rien fait, Ali est adorable, Ali est en fait une victime, etc.

Comme je n'ai pas osé vous interrompre – votre gabarit est impressionnant – et que vous avez quitté mon bureau sitôt votre monologue terminé, je me permets de vous écrire pour vous confirmer que, moi non plus, je n'ai absolument rien contre Ali.

En revanche, votre cadet, Farid...

Respectueusement.

De l'autre côté du mur

Messieurs,

Vos enfants respectifs ont l'air de bien s'entendre. C'est la raison pour laquelle je me permets de vous poser cette question un peu indiscrète. N'y voyez aucune curiosité malsaine, mais seulement un désir de ne pas commettre d'impair.

Savent-ils que vous vous voyez quotidiennement au travail, puisque vous, monsieur Dupont, êtes surveillant de prison, et vous, monsieur Durand, derrière les barreaux ?

Respectueusement.

Synthèse

Monsieur et madame Dupont, monsieur et madame Durand,

Vous êtes les meilleurs amis du monde et habitez dans le même immeuble, au même étage – surtout interrompez-moi si je me trompe dans mon récapitulatif.

Vous, madame Durand, maman de Lucille (6e C), vivez avec M. Dupont, papa de Charlotte (5e B) et Gabriel (3e A). Vous attendez un heureux événement pour mars prochain.

Vous, madame Dupont, maman de Charlotte et Gabriel, vivez avec M. Durand, papa de Lucille. Vous attendez un heureux événement pour avril prochain.

C'est bien ça ?

Respectueusement.

Attention chien méchant

Madame, Monsieur,

Je vous invite à bien vouloir terminer rapidement l'entretien avec le professeur principal de votre enfant. Plusieurs parents attendent en effet impatiemment, et sous la pluie, que vous ayez enfin récupéré votre chien.

Car le cerbère aux crocs acérés que vous avez attaché au portail de l'entrée monte la garde et les empêche de sortir du collège.

Respectueusement.

«Après nous le déluge» (Mme de Pompadour)

Monsieur,

Vous, le cadre sup qui venez de déposer votre fils devant le collège dans votre nouvelle voiture, une grosse berline allemande, permettez-moi de m'interroger sur sa tenue de ce matin.

Pantacourt, tennis usées, chaussettes trouées, tee-shirt sale et fatigué sous un vieux sweat-shirt délavé à capuche d'où dépasse une mèche de cheveux solidifiés par la crasse.

Il est 8 heures et il gèle à pierre fendre. Rien ne vous dérange ?

Respectueusement.

Envoûtement

Monsieur,

Certes, depuis un mois, inexplicablement, les résultats de votre fils sont en chute libre. Je sais que vous m'avez promis que vous attendriez que tout le monde soit parti, que je ne risquerais rien, ni moi ni ma famille et que cela ne prendrait que quelques instants. Vous m'avez même annoncé « une existence future magnifiée » si je vous donnais mon plein accord.

Mais, contrairement à vous, je suis loin d'être convaincu que votre rejeton est victime d'une tentative d'ensorcellement maléfique.

Pas question, donc, de rite vaudou à l'intérieur d'un collège laïque !

Respectueusement.

Avocat

Monsieur,

Au retour de la sortie scolaire, les professeurs m'ont demandé de monter dans le car morigéner les 4es B qui avaient été infernaux tout au long de la journée. Via le micro du conducteur, j'ai averti les chahuteurs que nous réglerions l'affaire le lendemain, puis je suis redescendu.

Vous m'avez alors agrippé le bras en m'affirmant que votre fils n'avait rien fait et que vous refusiez d'avance toute punition.

Euh… monsieur le voyant extralucide, comment saviez-vous que votre enfant était innocent ?

Mon petit doigt me dit d'ailleurs que, sur ce coup-là, votre don n'est pas très fiable.

Respectueusement.

Choix de vie

Madame, Monsieur,

Votre enfant est souvent vêtu comme l'as de pique. Mais toujours avec des vêtements de marque.

Chaque matin de la semaine, lorsqu'il se réveille, il est seul dans votre maison car vous êtes déjà partis travailler. Une fois rentré du collège, il gère sa soirée de petit élève de 6e solitaire.

Tel un vieux garçon, il a ses habitudes : goûter, éventuellement les devoirs, courses alimentaires (c'est un des principaux clients du traiteur bio du quartier), ordinateur ou console de jeux puis bain. Avec, en sourdine, la télévision constamment allumée, bien sûr, pour se donner l'illusion d'une présence. Car, même s'il s'en défend, il n'est pas toujours très rassuré. Pour preuve, les pièges un peu naïfs (fil relié à une clochette, pétard à ficelle) qu'il a installés secrètement.

Son plateau-repas vite avalé devant l'écran, il monte ensuite dans sa chambre et tue le temps, attendant votre retour. Parfois, c'est jour de chance : il ne dort pas encore lorsque vous venez l'embrasser.

Ses fins de semaine sont variées : avec vous (virées en avion, à la neige ou au soleil) ou en tête à tête avec la baby-sitter (vous en amoureux à Venise, Bruges, Prague ou Amsterdam). C'est un élève très attachant, gentil et raisonnable. Plus autonome que bien des adultes.

« Oh, ce soir, je suis fatigué, je vais me prendre un petit traitement homéopathique ! » m'a-t-il ainsi confié hier le plus sérieusement du monde. Pauvre Ludovic.

Pauvre ? Façon de parler lorsqu'on sait que vous êtes tous deux des chirurgiens renommés...

Respectueusement.

Quand on aime, on ne compte pas

Madame, Monsieur,

Vous êtes tous les deux sans emploi et sans doute superstitieux puisque vous semblez abhorrer le nombre 13.

D'où, sans doute, votre soulagement hier à la naissance de votre 14e enfant.

Courage, plus qu'un et vous pourrez monter une équipe de rugby !

Respectueusement.

P-S : Peut-être faudrait-il prévoir des remplaçants, le temps que vos deux aînés sortent de prison...

Au suivant !

Monsieur,

Vous êtes amer car vous l'aimez très fort, votre Hugo.

Mais vous savez bien qu'il n'a jamais connu son père biologique (sa mère ne le connaît même pas, alors lui, vous pensez...). Qu'il a été adopté une première fois par le concubin n° 257 de sa génitrice. Puis abandonné lorsque cette dernière a répudié son compagnon de passage. Puis adopté une deuxième fois par vous, monsieur, concubin n° 375.

Et aujourd'hui que la mère vous a expulsé de son logement, qu'elle en est à son n° 483, qu'elle a entamé une procédure de divorce à votre encontre et qu'en attendant elle a la garde du pauvre petit, je ne peux pas faire grand-chose pour vous...

Respectueusement.

Noir, pair et passe

Madame, Monsieur,

Une semaine sur deux, au collège, votre enfant ne se sent pas bien en fin de matinée. Comme il est en garde alternée, qui des deux ne lui donne pas de petit déjeuner ?

Respectueusement.

Dealers

Madame, Monsieur,

Hier soir, sur le parking devant le collège, j'ai vu deux individus qui, manifestement, traficotaient des substances illicites. Ils se sont discrètement évanouis dans la nuit à mon arrivée.

Ce matin, alors que j'ouvre le portail, je vous vois avec votre ex-femme, à ce même endroit, échanger votre enfant et ses valises, que vous avez en garde alternée, puis repartir, chacun dans votre voiture, dans des directions opposées.

Désolé : je n'ai pu m'empêcher de faire la comparaison.

Respectueusement.

Y a des claques qui se perdent...

Madame,

Vous entrez dans mon bureau, inquiète. Vous me regardez avec vos grands yeux clairs, si tristes. Des rides de lassitude barrent déjà votre minois qui devait être si joli. Lors de notre entretien, à plusieurs reprises, votre fils vous intime l'ordre de vous taire d'un « chut ! » péremptoire, mâchoires serrées et regard meurtrier. Il esquisse même un geste à votre encontre. Vous avez alors le réflexe de lever votre bras pour vous protéger.

Je sais que vous travaillez dur pour lui rapporter l'argent de poche qu'il exige et que vous n'avez pas le droit de vous plaindre sous peine de subir ses humiliations. Je sais également qu'il vous interdit d'ouvrir la porte à des étrangers, notamment l'assistante sociale. En fait, vous n'avez plus le droit de faire grand-chose, sinon il menace de se suicider.

Et lorsque, par malheur, vous le contrariez, il vous punit en vous expulsant de votre maison. Vous passez alors la nuit dehors.

Madame, si vous m'en donnez la permission, je botterais bien les fesses de ce petit morveux de 13 ans...

Respectueusement.

16.

J'aime vos rapports avec le corps médical

Surcharge

Madame, Monsieur,

J'ai bien reçu le certificat médical signé de votre médecin de famille : il indique que, vu son poids, il est préférable que votre fils emprunte l'ascenseur.

Votre docteur estime donc qu'un enfant obèse doit éviter tout effort physique. Dont acte.

Mais ce praticien sait-il qu'à chaque récréation Théo court comme un dératé pour attraper les plus petits et les frapper ? Est-il au courant, même si vous-même n'avez pas eu l'air affolés lorsque je vous l'ai dit, que votre enfant fume plusieurs cigarettes chaque matin, sur le chemin du collège ?

Respectueusement.

Jeu, set et match

Madame, Monsieur,

Vous avez inscrit votre fils au club tennis de notre établissement. Chaque mardi midi, depuis un mois, lui et quelques autres privilégiés échangent donc quelques balles sur le court couvert contigu à notre collège.

Je m'inquiète cependant pour sa santé : je vous rappelle qu'en septembre vous avez présenté à son professeur d'EPS un certificat médical qui le dispense de sport pour l'année scolaire...

Respectueusement.

••

Certifié véritable

Madame,

Votre enfant va sécher sa dernière semaine de cours – vous savez, celle que l'on ne garde que parce qu'il en faut trente-six – et vous avez demandé le remboursement de la demi-pension.

Je vous ai répondu que, conformément au règlement intérieur, ce ne serait possible que sur présentation d'un certificat médical. Vous m'avez rétorqué calmement que cela ne poserait aucun problème.

En cette fin juin très intense, je me sens atteint de flemmingite aiguë. Pouvez-vous me donner l'adresse de votre précieux médecin traitant, s'il vous plaît ?

Respectueusement.

Crise de nerfs

Madame,

J'admire votre réactivité et votre efficacité !

Hier, l'inspection académique a refusé votre demande de dérogation. Dès ce matin, vous vous présentez à notre collège avec un certificat médical attestant qu'à cause de sévères sciatiques votre enfant doit être scolarisé dans notre établissement plutôt que dans le collège de votre secteur.

Madame, vous êtes ma muse, je me sens l'âme d'un poète :

Si tu veux que la fin justifie les moyens,
Va voir un médecin, ça te fera du bien !

Respectueusement.

Canne : montée des marches

Madame,

J'ai l'honneur d'accuser réception aujourd'hui 1er septembre des deux certificats médicaux qui concernent votre fille :

« Je soussigné, docteur Dupont, chirurgien des hôpitaux, spécialiste de biologie et médecine du sport, certifie que l'état de santé de l'enfant Alice Durand contre-indique la pratique de l'EPS pour l'année scolaire. Elle devra rester dans l'établissement. »

« Je soussigné, docteur Dupont, chirurgien des hôpitaux, spécialiste de biologie et médecine du sport, certifie que l'état de santé de l'enfant Alice Durand contre-indique la montée et la descente des escaliers. Il serait donc souhaitable qu'elle puisse utiliser l'ascenseur de son collège. »

Dont acte. Mais Alice, opérée du coude en mars dernier, avait pourtant, dès le mois d'avril et jusqu'aux grandes vacances, suivi sans problème les cours d'EPS et gravi les escaliers de nos bâtiments…

Respectueusement.

Émotif

Madame,

Ne vous fâchez pas ! Cet incident était insignifiant !

Cela s'est passé pendant le cours d'histoire. Le professeur racontait la vie dans les tranchées de Verdun, en 1916. La description devait être trop réaliste : votre fils s'est écroulé, victime d'un malaise vagal. Il est rapidement revenu à lui et a ensuite été conduit à l'infirmerie.

L'infirmière n'a pas souhaité vous déranger à votre travail pour si peu et, je vous l'assure à nouveau, nous ne vous cachons rien. Ne nous déclarez pas la guerre !

Respectueusement.

Encore eût-il fallu que je le susse

Madame,

Je vous confirme que le programme du club santé, créé dans le cadre du CESC*, répond bien aux exigences ministérielles. Les camarades de votre fils en sont d'ailleurs enchantés.

Quant au contenu de cet atelier… Je transmets pour suite à donner votre question existentielle à l'infirmière scolaire du collège qui l'anime : « Est-il normal d'apprendre aux élèves de 5e ce qu'est une fellation ? »

Respectueusement.

Contre-indication préventive

Madame, Monsieur,

Le règlement intérieur du collège le précise : tout élève dispensé de sport doit quand même accompagner sa classe. Sauf, désormais, votre fils.

Le médecin qui a signé son ordonnance l'a certainement fait pour des raisons légitimes qui ne me regardent pas. Mais j'aimerais bien comprendre, si cela ne relève pas du secret professionnel bien sûr, la signification exacte de ses écrits.

* Comité d'éducation à la santé et à la citoyenneté.

Allergie au tartan de la piste d'athlétisme ? Au gazon du terrain de football ? Au parquet du gymnase ? Au ciment du court de tennis ? Au goudron de la cour de récréation, dans laquelle le mourant se dépense sans compter deux fois par jour ?

Pourquoi, sinon, Jonathan aurait-il en effet été dispensé de « terrains de sports » ?

Respectueusement.

Allô, maman, bobo

Madame,

Votre fille est de santé fragile. Elle est absente – dûment excusée par un certificat médical – quasiment chaque semaine, et cela nuit à sa scolarité.

Sans trahir le secret médical bien sûr, ni remettre en cause les compétences de qui que ce soit, pourriez-vous demander à votre médecin d'être un peu moins complaisant à son égard ?

En clair, pourriez-vous faire en sorte que votre raison de praticien l'emporte sur votre cœur de mère ?

Respectueusement.

17.
J'aime quand vos enfants vous piègent

Treize à la douzaine

Madame,

Que je sache, vous n'êtes pas charcutière.

Quelle mouche a donc piqué votre fille ? Un, c'est évidemment déjà formellement interdit. Mais sept ! Apporter sept couteaux de boucher au collège ! Même si elle jure ses grands dieux qu'elle « ne voulait pas s'en servir », ça fait beaucoup, non ?

Respectueusement.

Revenant

Monsieur,

Permettez-moi de prendre de vos nouvelles car je suis à la fois déboussolé et inquiet : finalement, êtes-vous toujours de ce monde ?

Acte un : votre fils, que j'avais convoqué dans mon bureau parce qu'il avait commis une bêtise, a en effet éclaté en sanglots en m'expliquant qu'il avait du mal à se contrôler depuis votre décès. Il a évidemment bénéficié de ma mansuétude.

Acte deux : une heure plus tard, lors de la récréation, visiblement bien remis de son chagrin, il a menacé un camarade : « Mon père, il va venir te casser la gueule ! »

Au plaisir de vous lire... Enfin, j'espère !

Respectueusement.

Si tu es gai, ris donc !

Monsieur,

Vous êtes venu me voir, furieux, suite à une sévère altercation entre votre enfant et un de ses professeurs.

Je suis d'accord avec vous : lorsque cette enseignante a demandé à ses élèves de donner un adverbe et que votre fils a spontanément répondu : « homosexuellement », ce n'était pas par méchanceté mais uniquement pour faire rire ses camarades. Je conviens également qu'à cet âge-là l'humour potache est celui qu'ils préfèrent et qu'il faut en tenir compte. La professeure, adulte, aurait pu, aurait sans doute dû, se comporter en professionnelle plutôt que de sortir de ses gonds.

Mais, je vous le dis aujourd'hui sous le sceau du secret, si l'enseignante a réagi aussi vivement, c'est parce que, justement, elle est homosexuelle.

Respectueusement.

Partage des connaissances

Madame, Monsieur,

Vous remercierez votre fils de ma part.

Grâce à une discussion impromptue avec lui dans mon bureau, j'ai en effet appris un tas de choses sur la fraude aux aides de l'État et des collectivités locales, les trafics en tous genres, le fonctionnement de la justice française et quelques tactiques pour passer au travers de ses mailles.

Ça sent le vécu !

Respectueusement.

....

Herbivore

Madame, Monsieur,

Vous devriez faire tester le QI de votre fils car il nous semble très en avance : ne serait-il pas surdoué ?

À moins que ce ne soit vous qui lui ayez transmis toute cette culture – aux deux sens du terme !

En effet, l'infirmière scolaire a été bluffée par le niveau de Gaël, qui n'est qu'en 5e. Elle m'a confié que c'était la première fois, depuis qu'elle réalise des interventions sur les substances illicites, qu'un enfant en savait autant sur le sujet. Il lui a même donné des trucs et astuces pour optimiser la culture artisanale du cannabis sous nos climats tempérés !

Dois-je vous féliciter, vous ?

Respectueusement.

Frou-frou et dentelles

Madame,

Vous demanderez des comptes à votre enfant si vous le souhaitez.

Mon rôle à moi se borne à vous informer que je tiens à votre disposition, dans mon bureau, un soutien-gorge rouge et noir, taille 95C, que votre fils montrait à ses camarades en cours de mathématiques, qui a été confisqué et qui, d'après ses dires, vous appartient.

Vous pouvez venir le chercher quand vous voulez, sans rendez-vous. Vous pourrez même l'essayer pour vérifier qu'il s'agit bien du vôtre !

Respectueusement.

Précision utile

Madame,

Je me permets de vous adresser un petit conseil : lorsque vous complétez un billet de régularisation d'absence dans le carnet de liaison, pensez à informer votre enfant de son contenu !

Ce matin, Lucas a en effet été tout surpris d'apprendre que son absence d'hier était due à une violente migraine qui l'a cloué au lit toute la journée...

Respectueusement.

Fais pas ch... !

Madame,

Entendons-nous bien.

Je crois que votre fils m'a mal compris, à moins qu'il ait omis de tout vous raconter : je ne l'ai pas puni parce qu'il avait déféqué.

Je l'ai puni parce qu'il avait déféqué *sur le palier du 2e étage...*

Respectueusement.

Black power

Madame,

Hier matin, nous avons reçu un intervenant dans le cadre de la semaine contre le racisme. Votre fils l'a écouté avec beaucoup d'attention.

Hier après-midi, votre garçon est venu en cours sans ses affaires, a refusé de prendre des notes et empêché ses camarades de travailler.

C'est uniquement pour ces dernières raisons que je lui ai donné une retenue.

Et pas, comme il vous l'a dit, parce qu'il est noir.

Respectueusement.

---

44 fillette

Madame, Monsieur,

Ce matin, votre fille est arrivée au collège en boitant. Lorsque je lui en ai demandé la raison, elle m'a répondu : « C'est parce que hier j'ai pas été sage à la maison. »

Pouvez-vous me fournir quelques précisions ? Car j'ai du mal à comprendre – à moins que je *refuse* de comprendre – le lien de cause à effet...

Respectueusement.

Belle-de-jour

Monsieur,

À 14 ans, votre fille vous cause bien des soucis.

Vous l'élevez seul depuis le décès de sa maman et vous craquez. Ses résultats scolaires sont à l'image de vos relations : catastrophiques. Vous me dites avoir tout essayé. La récompense, la sanction... rien n'y fait.

Vous l'avez privée d'argent de poche et vous vous étonnez qu'elle puisse encore s'acheter des cigarettes et des vêtements.

Vous me dites que vos voisins la traitent d'« aguicheuse » parce qu'elle est jolie, très sociable et pas farouche.

Justement, monsieur, cette description n'aurait-elle rien à voir avec ses extras ?...

Respectueusement.

Starlette

Madame,

Comment vous dire ?

En fait, si votre fille est la risée de ses camarades, ce n'est pas parce qu'elle *s'appelle* Clara, comme l'actrice de films X, mais plutôt parce qu'elle *joue à* Clara, comme l'actrice de films X.

Respectueusement.

Échange malencontreux

Madame,

Vous allez être déçue : le 18 sur 20 que votre fils vous a montré et que vous avez fièrement signé n'est pas le sien.

Je vous explique : lorsque le professeur a distribué les épreuves corrigées, votre enfant, après avoir reçu la sienne, s'est porté volontaire pour remettre à l'élève absent sa brillante copie. D'humeur facétieuse, il a effacé puis réécrit les deux noms des deux devoirs, mais en les inversant ! Je vous avoue au passage que sa petite farce n'a guère fait rire son camarade, peu habitué aux 3 sur 20...

Quel dommage qu'il n'y ait plus de prix de camaraderie !...

Respectueusement.

Pet !

Madame, Monsieur,

Votre fils, en 6e, possède déjà, indéniablement, un fort ascendant sur ses camarades : ainsi a-t-il obligé une fille de sa classe à rédiger une punition à sa place.

Au hasard de la discussion que j'ai ensuite eue avec lui dans mon bureau, j'ai demandé à votre petit de 11 ans ce qu'il faisait en dehors du collège. Il m'a répondu : « Guetteur. »

Pourriez-vous m'en dire un peu plus sur cette activité extrascolaire ?

Respectueusement.

Pinocchia

Madame,

Vous défendez systématiquement votre enfant, lequel, d'après vous, ne s'aventurerait jamais à raconter des sornettes.

Hier, le professeur principal vous a vainement attendue à la remise des bulletins. Vous m'avez téléphoné ce matin, furieuse que l'on ne vous ait pas prévenue de l'heure du rendez-vous. Interrogé cinq minutes plus tard, votre petit dieu nous a dit qu'il vous avait bien remis la convocation mais que, prise d'une soudaine rage de dents, vous aviez dû aller chez le dentiste.

Votre version et la sienne – forcément exacte au regard de la perfection que votre fils incarne – étant contradictoires, dois-je en déduire que vous êtes une fieffée menteuse ?

Respectueusement.

75

Madame,

Pas la peine de déranger votre avocat : le professeur n'est pas, comme vous me l'avez dit au téléphone, « un dangereux criminel ».

Après enquête, il s'avère en effet que votre fille, traumatisée par sa mauvaise note – méritée –, a fait semblant d'avoir un malaise en cours. Pas dupe, le professeur a aéré pour lui donner de l'air. Contrairement à ce que votre petite chérie vous a raconté, en aucun cas il ne l'a incitée à se suicider en se jetant par la fenêtre.

D'autant plus que la salle se trouve au rez-de-chaussée…

Respectueusement.

18.

Bref, je vous aime

Pas de vague...

Madame,

J'ai bien reçu votre lettre dont vous trouverez ci-dessous pour rappel des extraits :

« Mon fils se sent mal dans son collège. » « Il s'est vu traiter de tous les noms parce qu'il avait la volonté de bien travailler. » « Suite à son vol de trousse, il est allé voir le principal qui m'a téléphoné pour me dire que s'il intervenait, il y aurait des représailles. » « Quand il s'est fait voler son matériel de géométrie, le principal est intervenu dans la classe pour faire la morale. Les élèves qui se sentaient visés se sont retournés contre mon fils et en retour lui ont versé du vinaigre dans son sac pendant un cours. » « Plusieurs garçons lui ont barré l'accès aux vestiaires d'EPS en lui disant : "Tu ne rentres pas, tu n'es pas arabe." » « Il n'ose plus aller à vélo au collège car il se fait embêter. » « Des jeux dangereux sont toujours d'actualité dans la cour et mon fils est plusieurs fois revenu avec des bleus. » « Tant que cela n'impactait pas ses résultats, j'ai fait confiance à l'équipe d'encadrement. » « Le professeur principal m'a confirmé que les résultats de mon fils sont en baisse à cause de son mal-être. » « Il n'ose plus poser des questions aux professeurs de peur de se faire frapper. » « Mon fils ne veut plus aller au collège, il refuse de revivre une année comme celle-ci et s'inquiète pour son avenir. » « Je crois que les autres profitent du fait que je l'élève toute seule »...

J'ai vérifié tous les faits auprès de mon collègue chef d'établissement. Ils sont exacts. L'inspection académique a refusé votre demande de dérogation. Fonctionnaire soumis à obéissance, c'est donc sciemment que j'ai bravé la décision de ma hiérarchie en acceptant quand même d'inscrire votre fils dans mon collège.

Mais le bonheur qui irradiait sur votre visage et sur celui de votre enfant quand vous êtes venus me remercier valait largement mille blâmes de hauts fonctionnaires ou de ministres donneurs de leçons, ceux-là mêmes qui mettent leur progéniture dans des établissements privés afin justement d'éviter ce genre de désagréments.

Respectueusement.

Incompréhension

Madame,

Vous m'avez mal compris !

C'est votre fils qui nous embête ! Nous n'avons absolument rien contre vous ! Et je ne vous ai pas dit « Ce n'est pas la peine de vous convoquer parce que vous ne faites rien » mais « Ce n'est pas la peine de vous convoquer parce que vous ne m'avez rien fait » !

J'ai beaucoup d'estime pour vous, madame, ne pleurez pas !

Respectueusement.

Oups !

Madame,

À ma demande de rendez-vous dans son carnet de liaison, votre fils, qui file un mauvais coton, avait écrit cette réponse à votre place : « Je ne peus pas venire. »

Il avait également grossièrement imité votre signature.

Je l'avais sermonné et le faussaire démasqué avait rougi, baissé la tête et observé avec attention ses baskets trouées.

Mais ce matin, alors que je vous reçois enfin et que je vous montre le carnet : « Vous voyez, madame, ce mot, par exemple, qui est-ce qui l'a écrit ? », vous me répondez spontanément, candide, étonnée de ma question : « C'est moi, pourquoi ? »

J'ai rarement eu honte à ce point, madame.

Respectueusement.

Coup de pompe

Madame,

En ce moment, calée entre les vacances et les soldes, il y a une grève. Mais, une fois n'est pas coutume, cela ne concerne pas uniquement l'Éducation nationale et la SNCF. Le pays commence à vivre au ralenti.

Aussi m'avez-vous prévenu par téléphone :
« Monsieur, on a pensé à vous ! Venez vite, on vient d'être réapprovisionnés ! »

Et je vous en remercie vivement, car je commençais à m'inquiéter sérieusement pour mon petit confort personnel.

Vous êtes gérante d'une station-service.

Respectueusement.

Reconnaissance

Madame,

Vous vivez une période de votre vie personnelle très difficile mais tenez absolument, par amour-propre, à vous débrouiller seule.

Vous avez d'énormes soucis financiers. Lorsque je vous ai annoncé que le fonds social du collège allait vous aider, vous vous êtes écroulée, en pleurs, dans mes bras, me remerciant mille et mille fois, me disant que vous aurez désormais une dette envers moi, que vous avez toujours mis un point d'honneur à vous en sortir mais que là, vous avez le sentiment de vous enfoncer inexorablement. J'en avais les yeux tout humides.

Et c'est avec plaisir que je réglerai les frais du pressing, rapport à votre rimmel qui a coulé sur ma veste claire.

Respectueusement.

Parent modèle

Madame,

Il y a deux ans, j'ai désobéi à ma hiérarchie en inscrivant votre enfant dans mon collège alors que votre demande de dérogation avait été refusée par l'inspection académique.

Hier, votre fils a bavardé en cours. Oh, pas beaucoup ! Pas fort ! Mais enfin, son professeur a écrit une remarque dans le carnet de liaison.

Ce matin, Ludovic est entré poliment dans mon bureau et m'a tendu la punition que vous lui avez donnée et que je dois signer : copier cinquante fois « Je me suis engagé sur l'honneur à ne pas me faire remarquer au collège Victor-Hugo ».

Respect et merci, madame.

Table des matières

Imprimé en Espagne par Industria Gráfica Cayfosa